Britta Goltz

Himmelsblicke

Inspirationen und Bilder zur inneren Einkehr

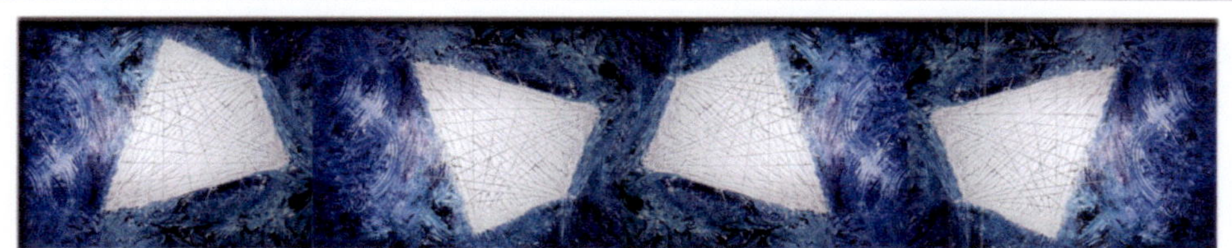

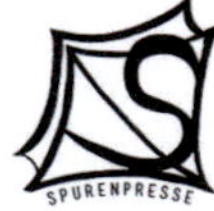

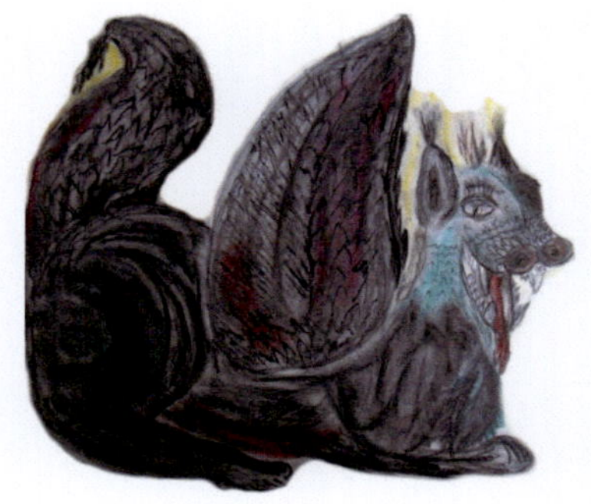

ISBN 978-3-86467-984-1

Inhalt

Widmung

Dieses Buch baut auf den Festen des ersten Buches auf.
Und so widme ich auch dieses Buch Maria ...
Habe Dank für Alles!

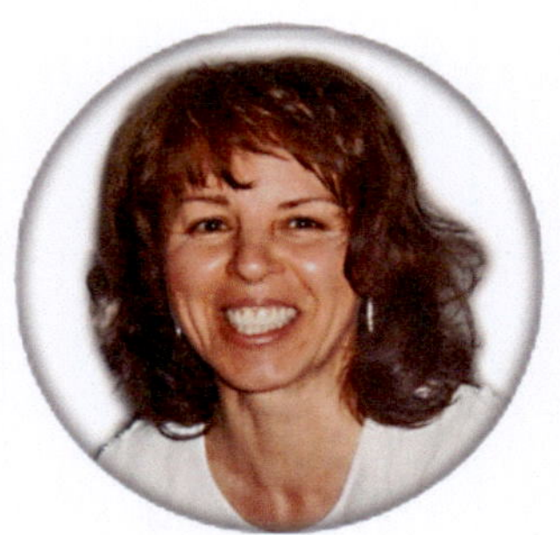

Maria Schwaiger

†

Vorwort

Meine geistigen Lehrer waren auch auf dieser Reise meine steten Wegbegleiter. Das Wissen um sie, den Rückhalt den ich stets bei und in ihnen finde, egal welche Entscheidung ich auch wie geartet treffe, sowie die Inspirationen, die ich in Text und Bild durch sie erhalte und ausdrücken darf… Dafür möchte ich ihnen, in meiner tiefen Verbundenheit Ausdruck verleihen.

Mit dieser erneuerten Auflage meines Buches geht es auch für mich in eine zweite Runde... Ich kann mich glücklich schätzen einen Verlag für mich gefunden zu haben, der mir beratend und unterstützend zur Seite steht. Damit habe ich nunmehr einen starken und vertrauensvollen Partner an meiner Seite.

So sei an dieser Stelle ein großes Dankeschön an den Verlag und seine Mitarbeiter ausgesprochen, die mich durch die Zeit der Entstehung dieser Neuauflage begleitet haben und damit in vielerlei Hinsicht durch aufreibende Wochen und Monate.

Danke für diese wundervolle Umsetzung meiner Idee zum „Endprodukt".

Wem ich aber im Besonderen danken möchte, ist meiner Frau Natali, welche mehr als einmal starke Nerven bewiesen hat, um mit dem Stimmungsbarometer einer Kreativen zu leben..: Ich danke Dir für Deine Geduld, Deine Anregungen und das immer wieder „noch einmal lesen bitte...".

Britta Goltz

Britta Goltz

Himmelsblicke

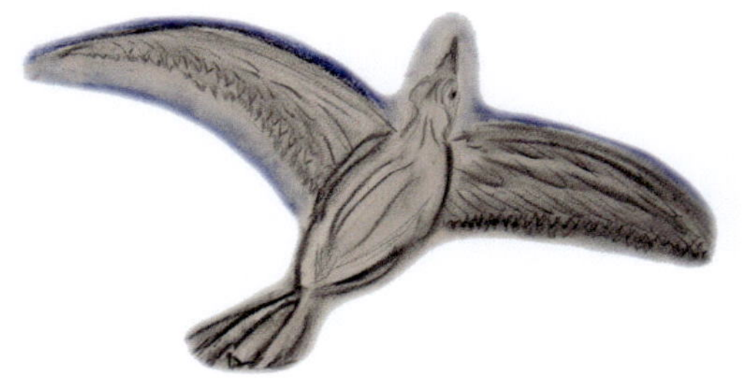

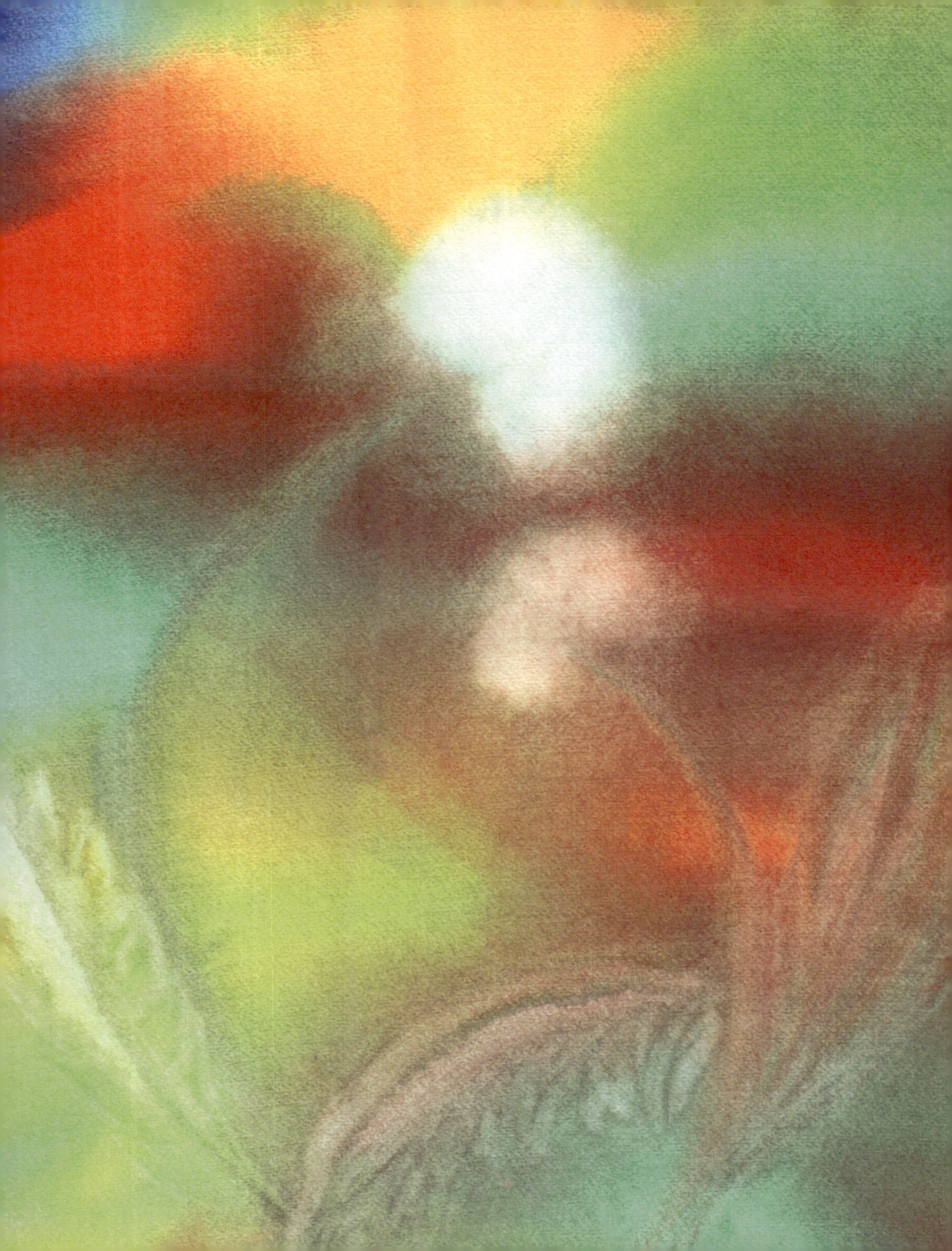

Halte inne...

Halte inne. Schaue!
Siehst Du die Sonnenflecken? Da! Vor Dir, auf dem Stein!
Siehst Du, wie sich der Schmetterling dort in den Lüften wiegt?
Halte inne. Lausche!
Hörst Du das Zwitschern der Vögel im Geäst?
… ihren Flügelschlag bei ihrem Flug?
Hörst Du,
wie sich die Blütenblätter raschelnd im Wind bewegen?
Halte inne. Schmecke!
Kannst Du Dich erinnern,
wie klares kühles Nass aus einem Brunnen …
einer Quelle schmeckt?
Kannst Du Dich erinnern,
wie es ist, in ein ganz frisches, warmes Brot zu beißen?
Wie scharf ein Minzblatt auf der Zunge sein kann?
Halte inne. Fühle!
Spürst Du den Wind … seine Sanftheit … seine Kraft?
Fühlst Du die Wärme der Sonne auf Deiner Haut?
Wie nimmst Du fließendes Wasser wahr?
Gottes Schöpfung – nimm sie wahr!

Schutzengel

Ich hänge meine Wünsche
vertrauensvoll an einen Luftballon
und lasse ihn aufsteigen,
zu Euch, meine Schutzengel.
Ich bitte Euch,
nehmt mich an Eure liebevolle Hand
und führt mich auf den mir bestimmten Weg.
Ich vertraue mich Euch an.

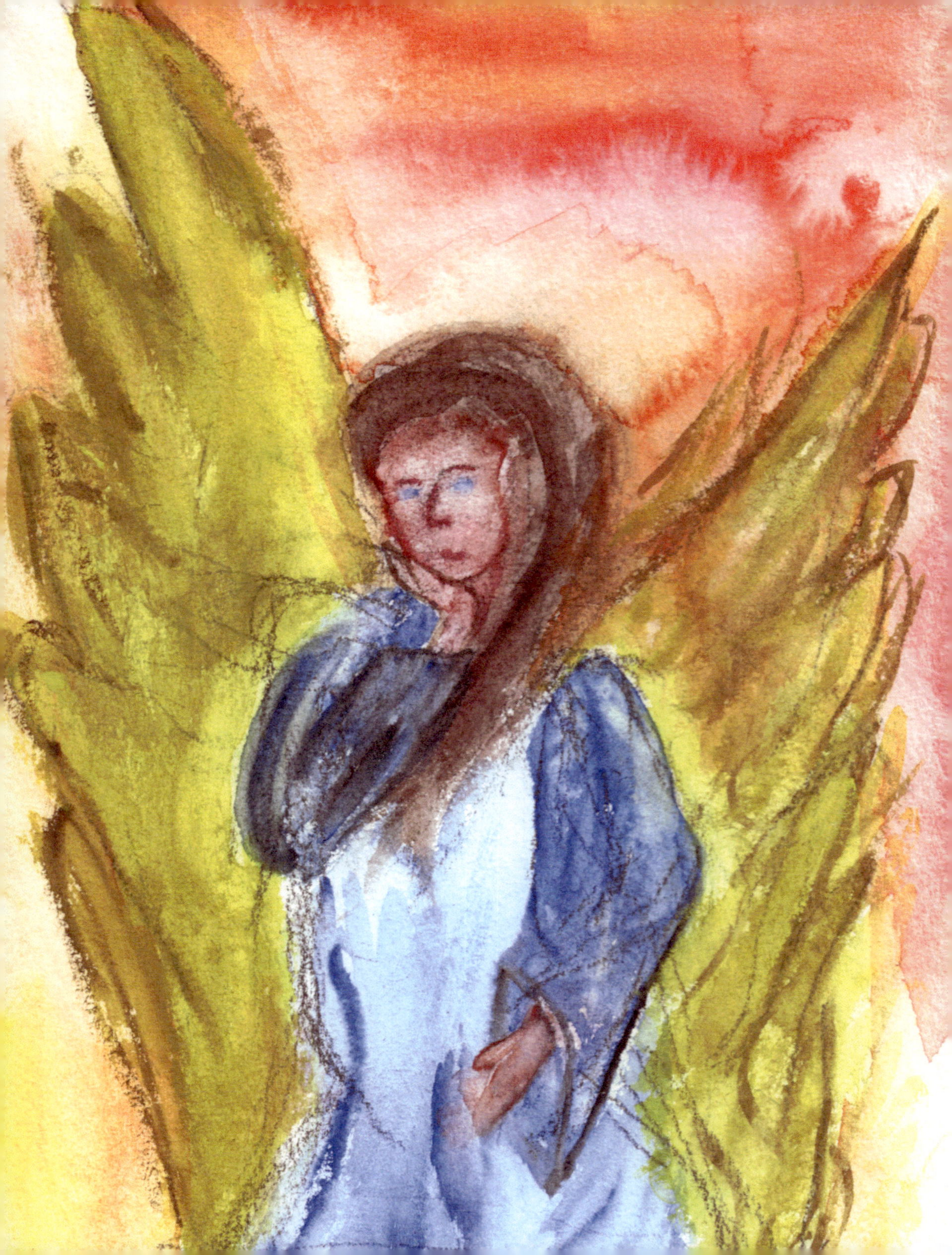

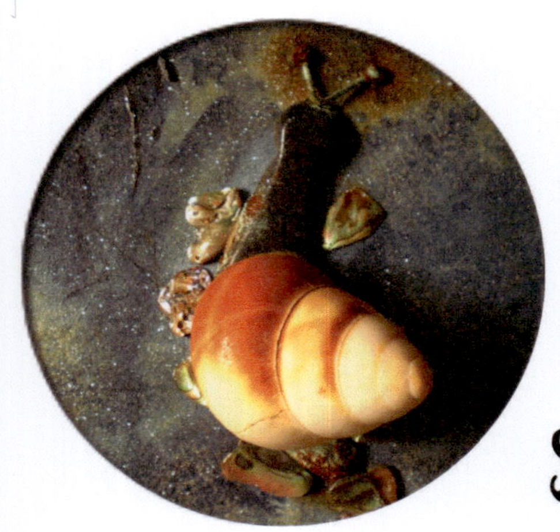

Schätze

Vom vergrabenen Piratenschatz,
bis zu den berühmten Worten „mein Schatz",
aus der Tolkien Saga, ist alles möglich.
Doch der wahre Schatz Deines Lebens, kann
nur von Dir entdeckt werden.

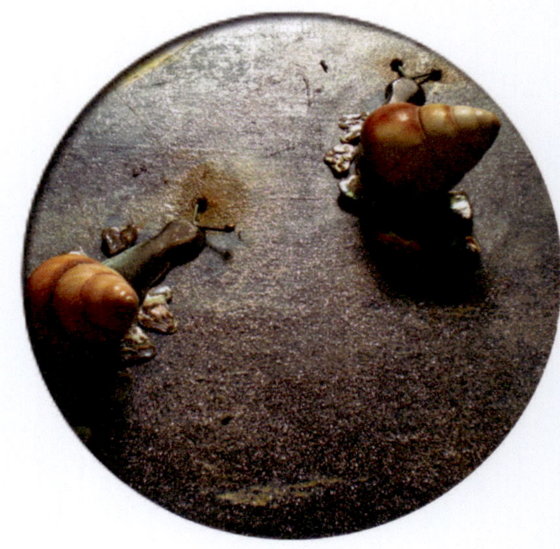

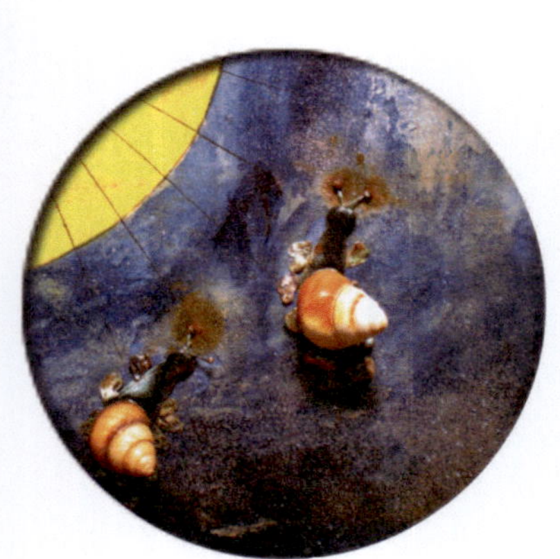

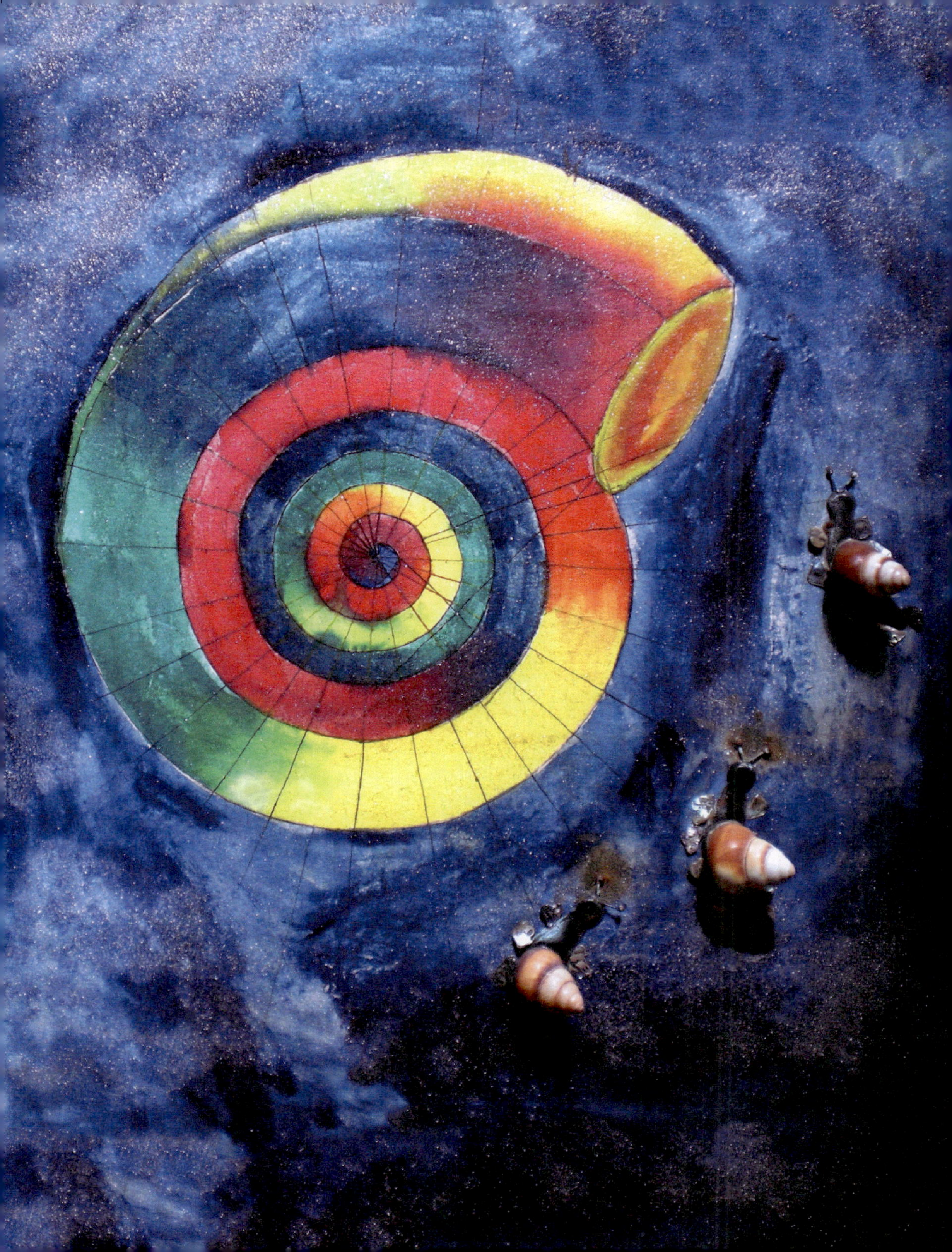

Sei neugierig!

Sei neugierig,
auf das *was* kommt,
wer kommt und *wie* es kommt.
Es gibt so viel zu entdecken.
Nutze es!

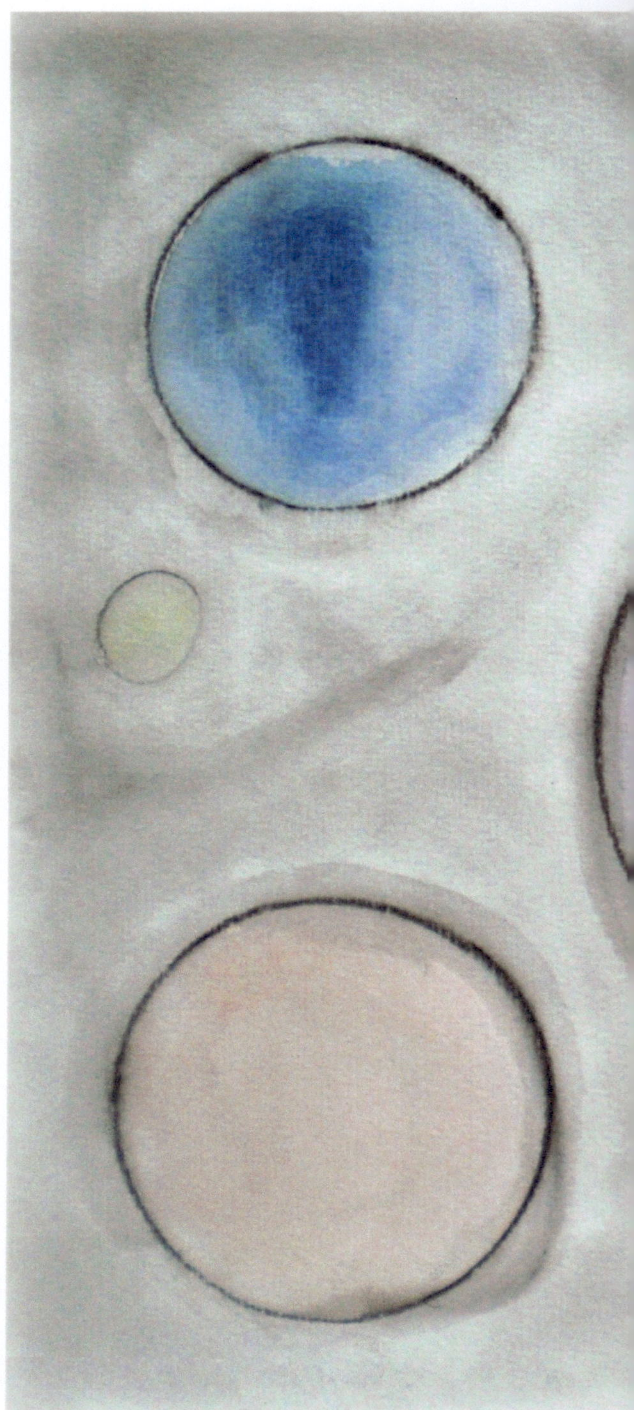

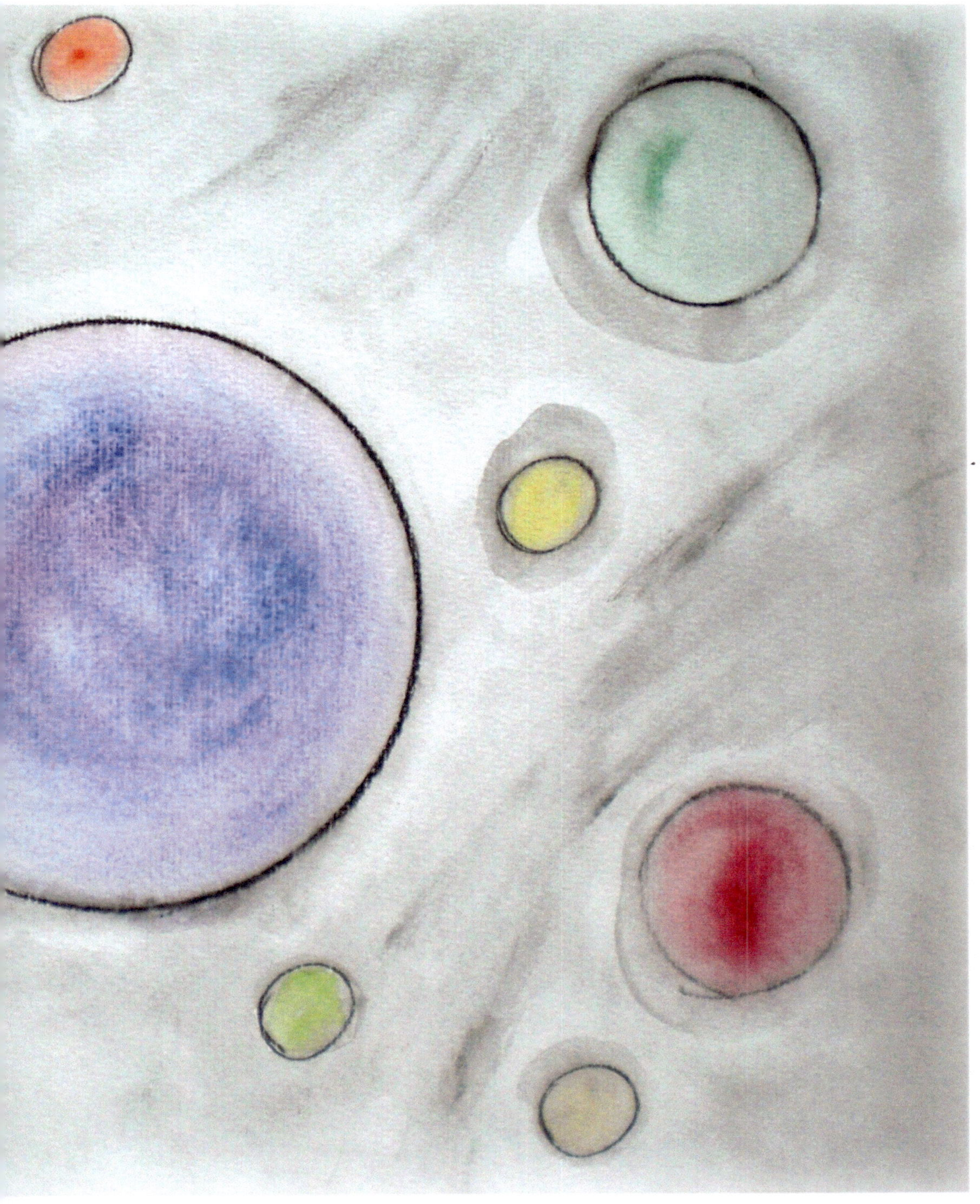

Menschen

Die, die Dich lehren,
sind nicht immer die,
die Dir schöntun, die Dich lobhudeln.
Nein, es sind oft genug auch diejenigen,
die Dir ungeschönt eine Wahrheit sagen.
Ja, es kann weh tun,
doch es bringt Dich auch weiter, weiter
auf Deinem Weg.
Auch Eltern, die ihr Kind lieben,
sind oftmals streng mit ihm, oder?

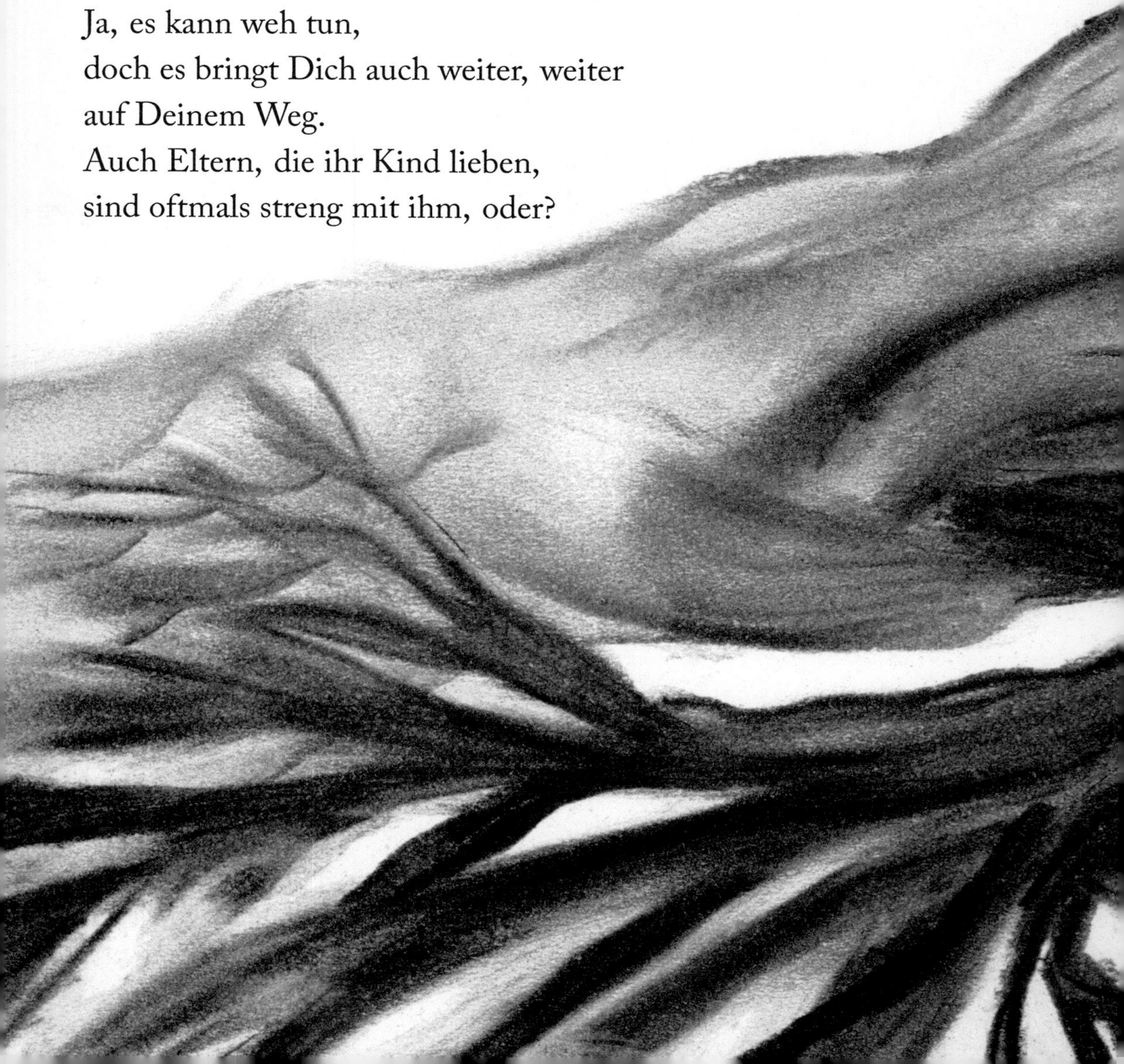

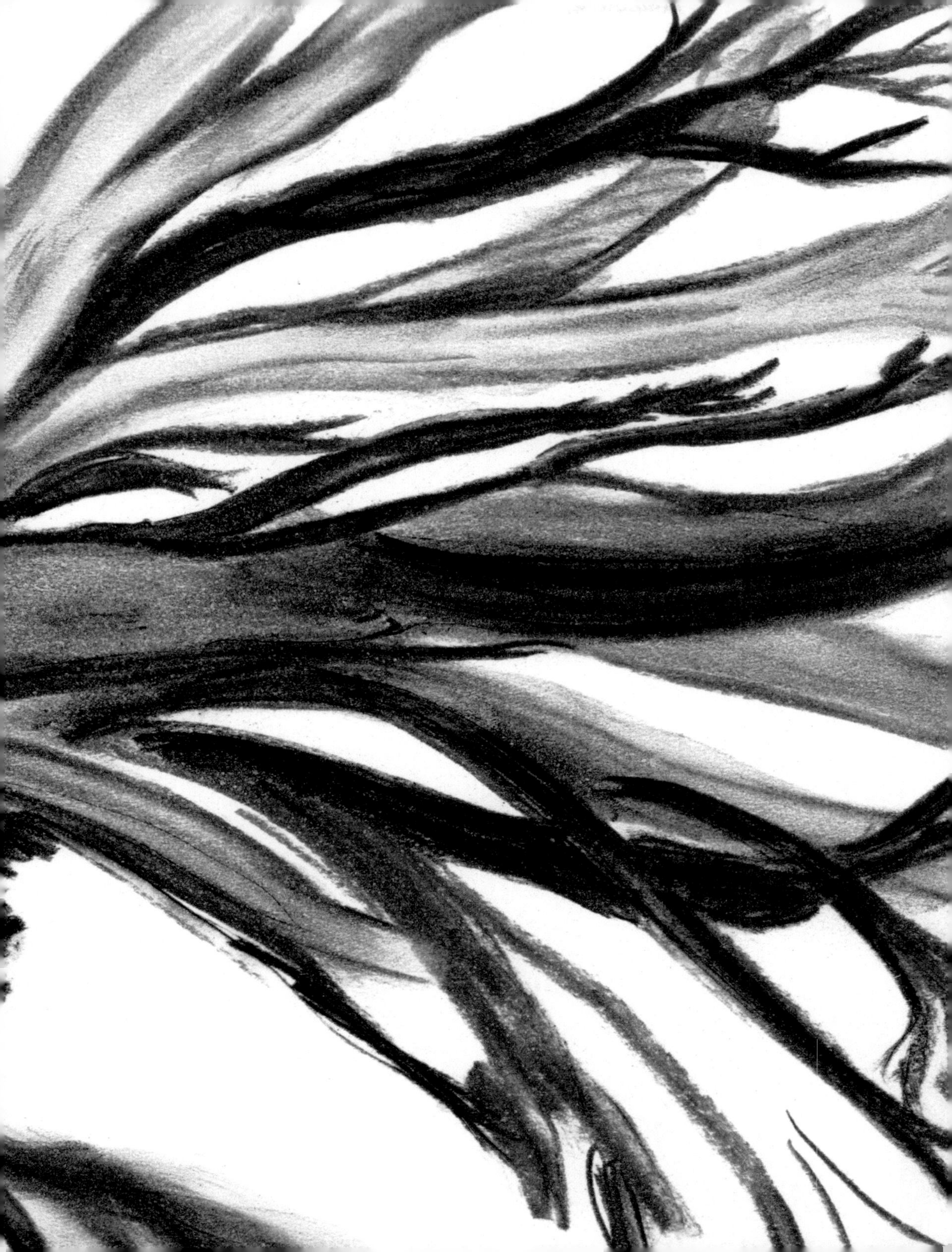

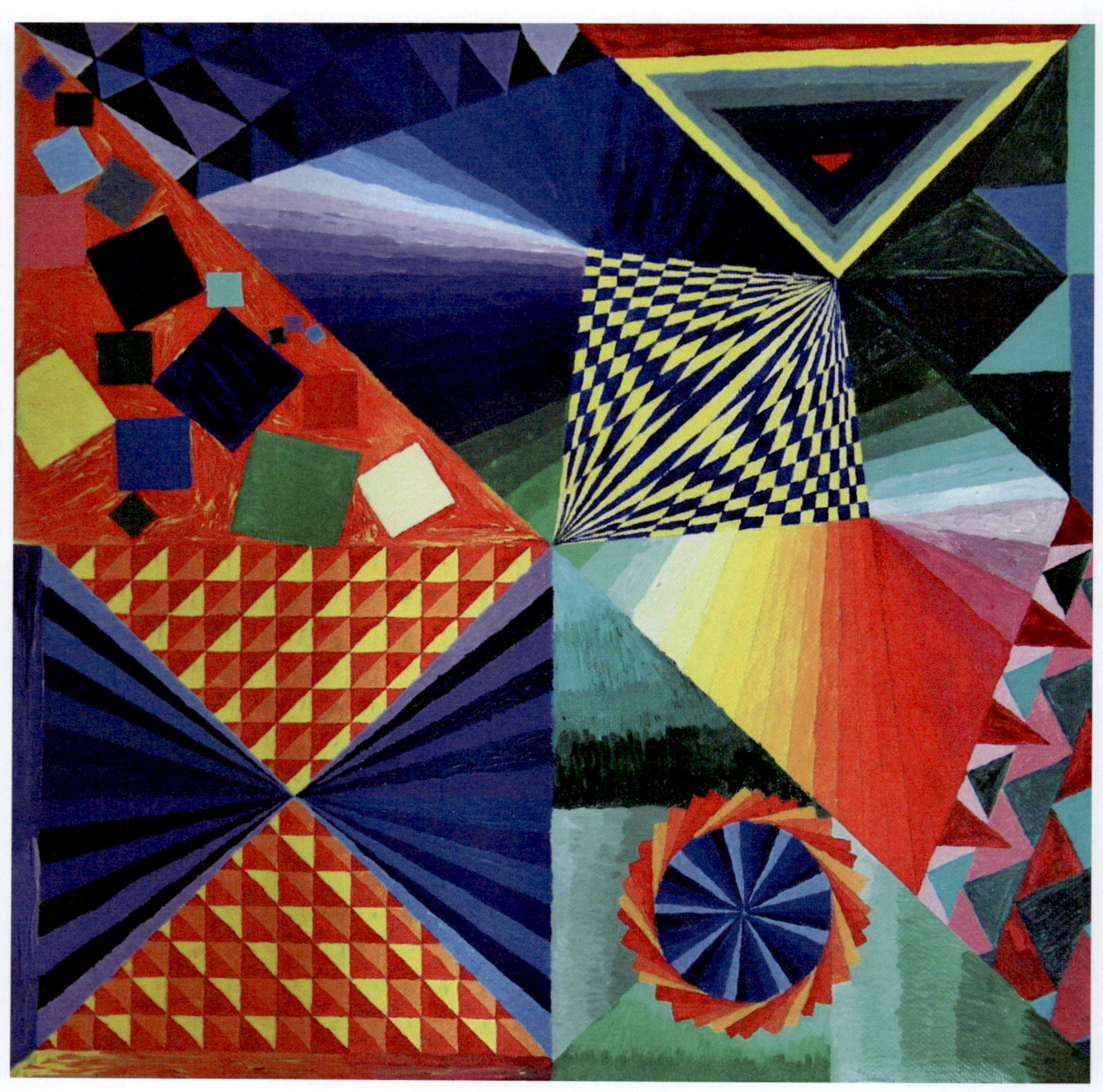

Zeugnisse

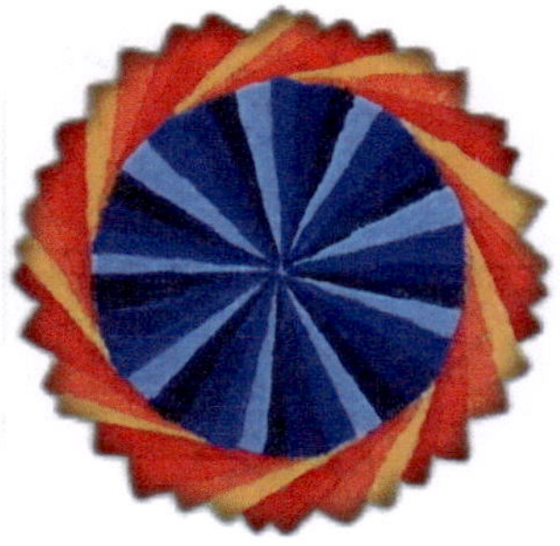

Es geht nicht darum ein Papier der Vollendung
in den Händen zu halten.
Sondern:
Es geht um das Streben nach der Vollendung –
egal ob ich dieses Zeugnis am Ende erhalte oder nicht.
Der eiserne Wille und das vollkommene Vertrauen
führen am Ende zu unserer individuellen Vollendung.
Egal was Andere von uns denken.

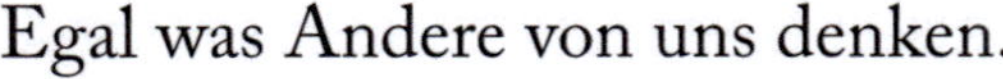

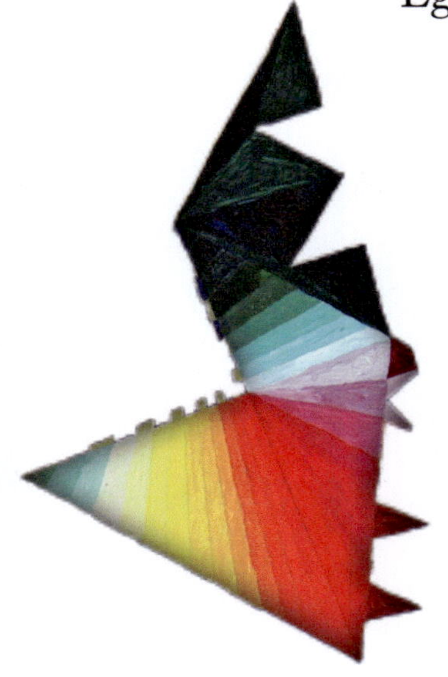

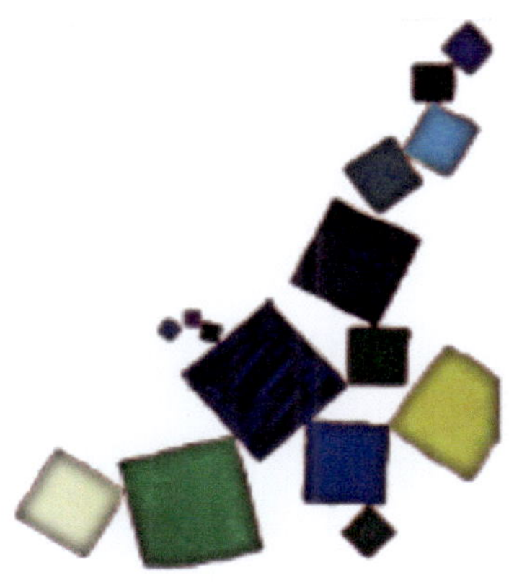

Denken

Wir denken viel - über dieses, jenes, welches.
Doch denkst Du auch daran,
dass Deine Gedanken Dein Leben formen?
... Du Dein Leben dadurch gestaltest?

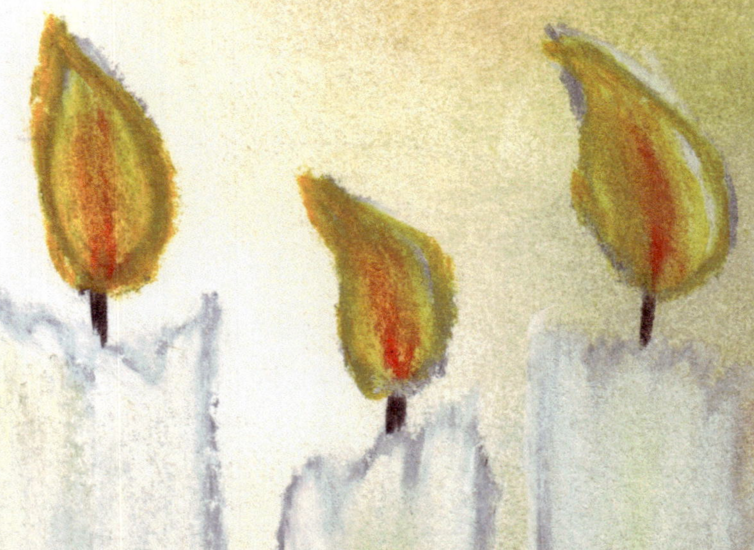

Destruktives denken,
wirkt sich auch negativ auf die Prägung
Deines Lebens aus.
Das heißt nun nicht,
dass Du von jetzt auf gleich,
mit Deinen Gedanken
in rosaroten Wolken schweben sollst.

Es wäre zwar wunderschön, doch...
beginne Deinen Gedanken eine Bahn zu geben,
und sie nicht wie eine wilde Horde ungebändigt und frei,
herum toben zu lassen.

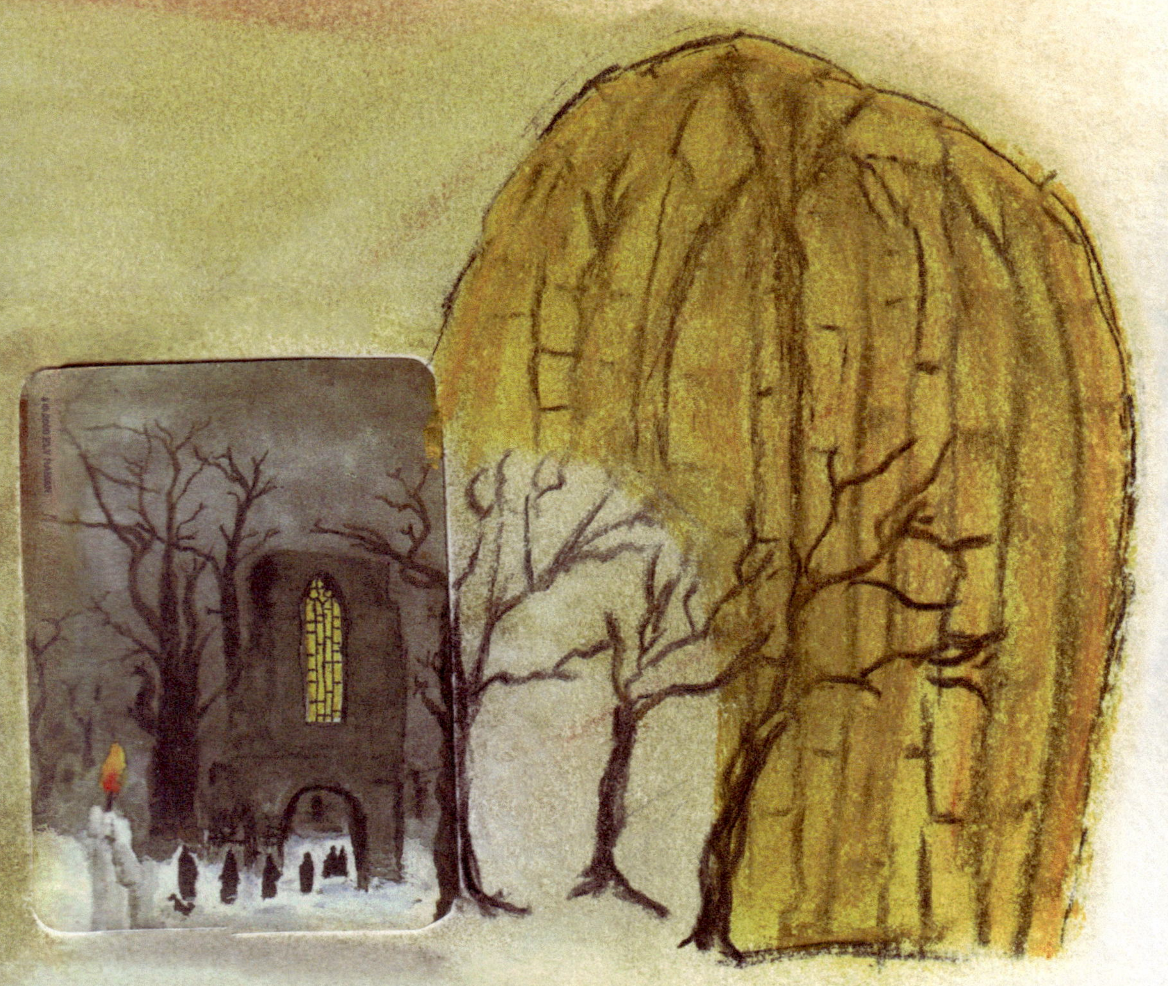

Du bist der Herr Deines Hauses,
sei es auch ob Deiner Gedanken.

Wünsche

Wünsche

Wünsche... Tränen...
Wie Regentropfen auf dem Asphalt meines Alltags.
Lasse ich sie los und freue mich auf das
WAS und WIE etwas in mein Leben tritt,
egal dessen WAS und WANN es in mein Leben tritt.
So gebe ich der Sonne meines Herzens die Möglichkeit
durch die Wolken meines Wollens hindurch zu brechen
und gewähre mir so selbst die Chance
unter einem blauen Himmel eines erfüllten Lebens zu wandeln.

Loslassen

Halte nicht fest –
sondern lasse los
und es kommt tausendfach
zu Dir zurück.

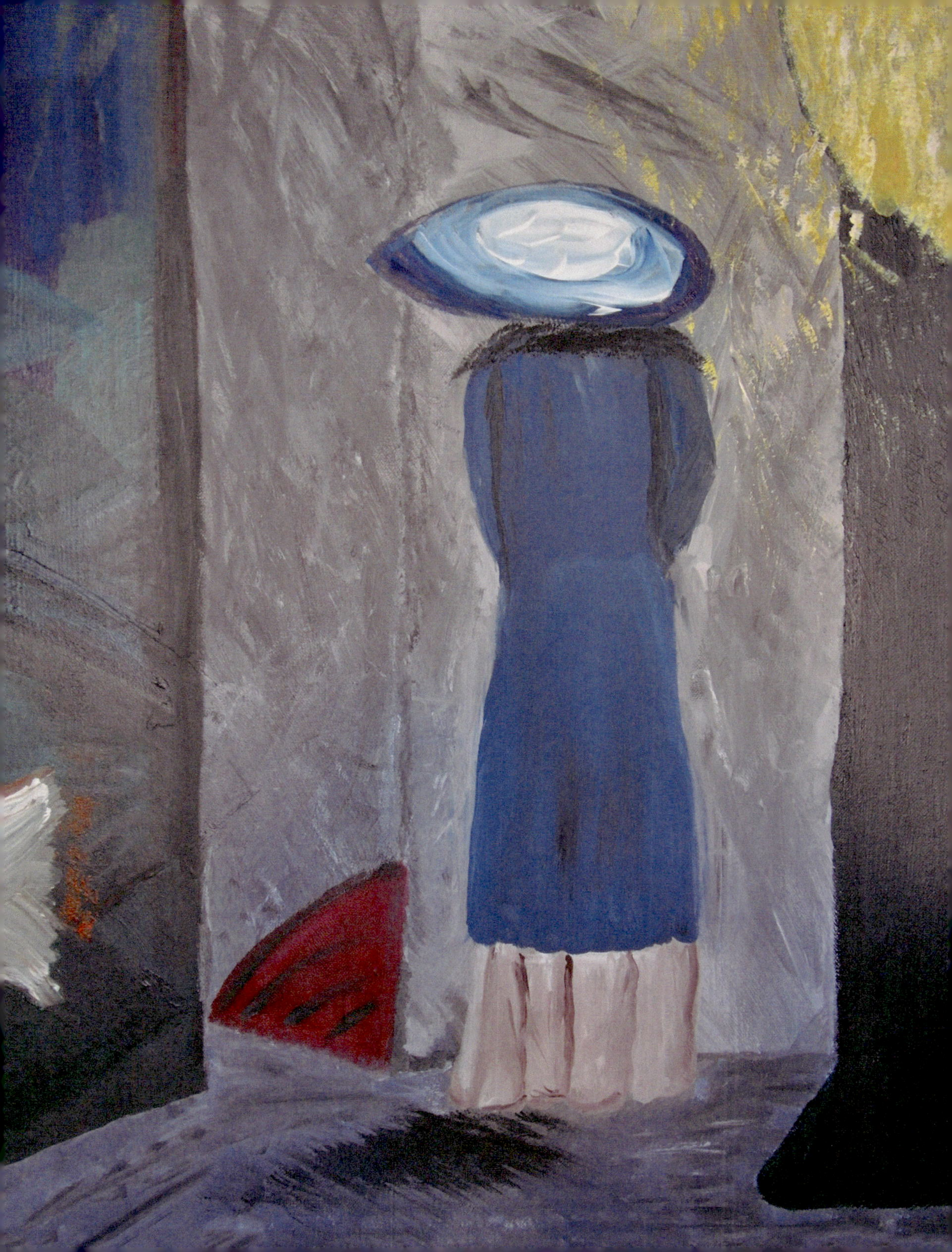

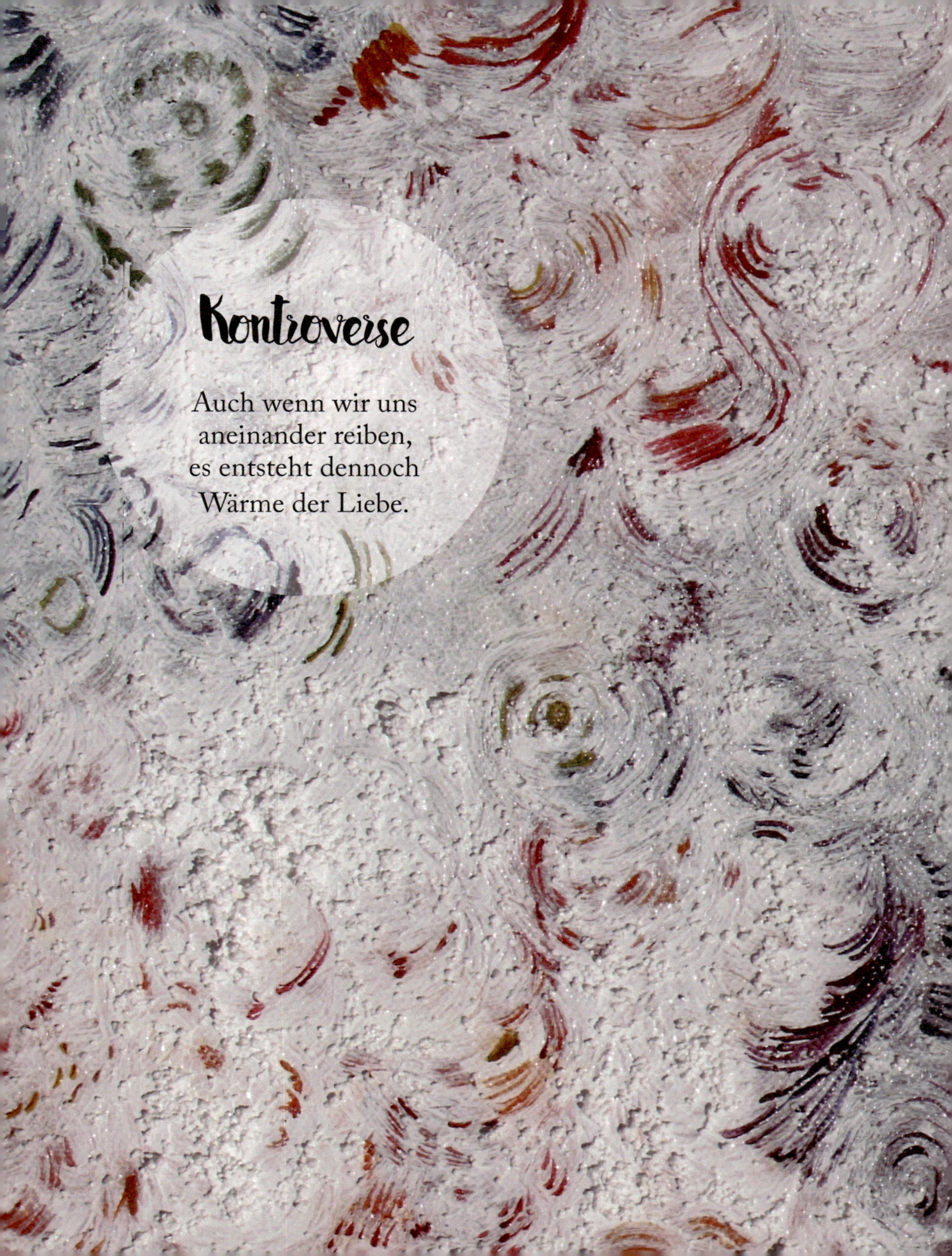

Kontroverse

Auch wenn wir uns
aneinander reiben,
es entsteht dennoch
Wärme der Liebe.

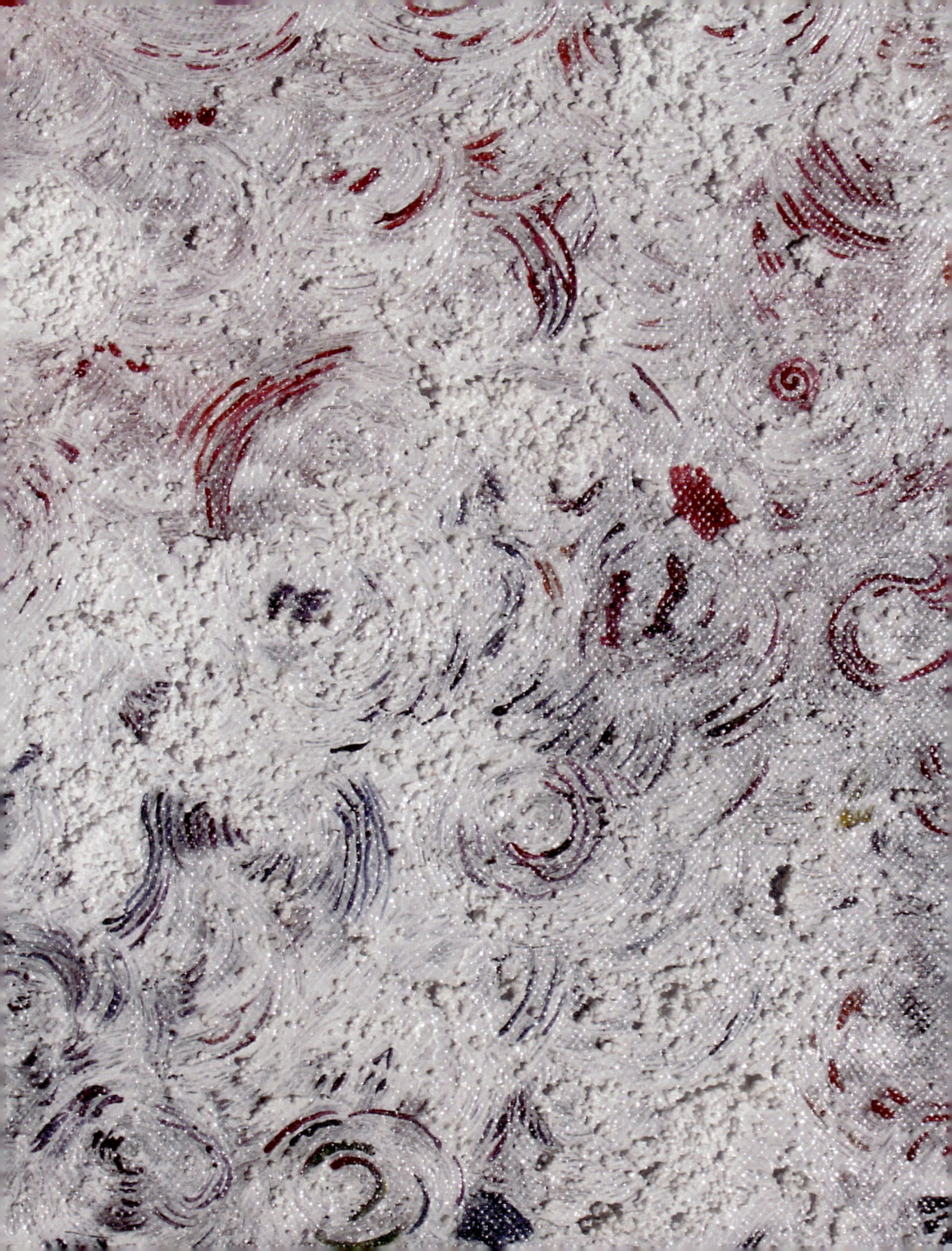

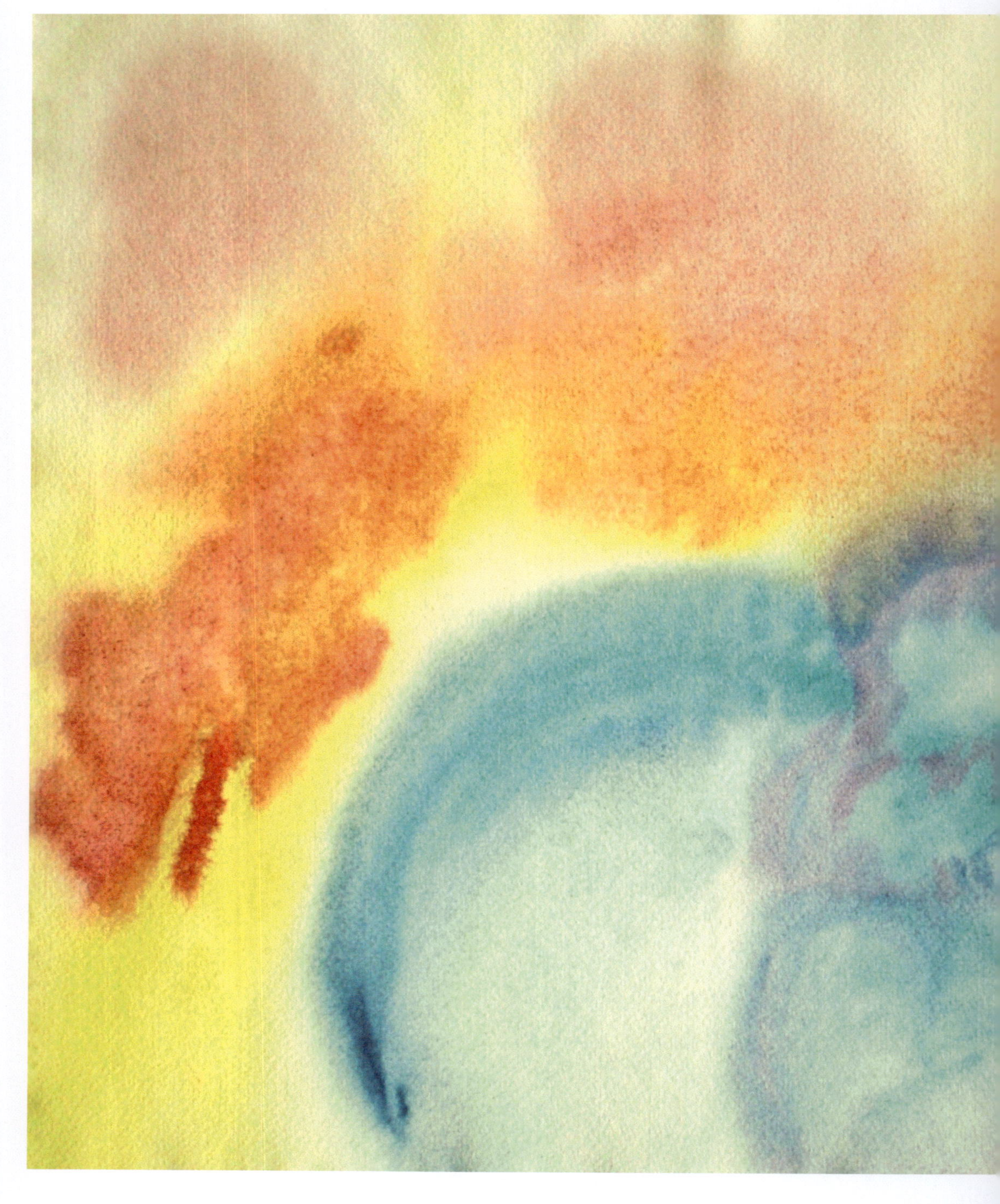

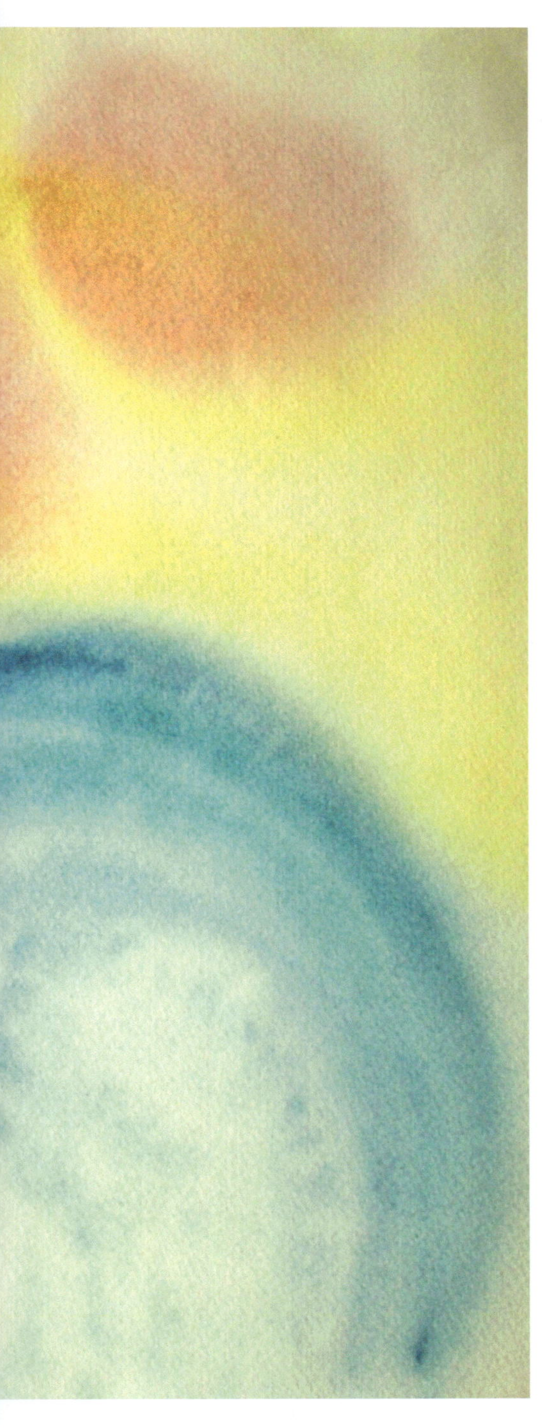

Schmetterlingsflügel

„Schmetterlingsflügel“
zart wie ein Hauch
und doch so kräftig,
dass sie Dich überall
hintragen können.

„Schmetterlingsflügel“
bunt, leuchtend,
schillernd pure Lebensfreude.

„Schmetterlingsflügel“
… und doch nur eine
so kurze Lebensspanne.

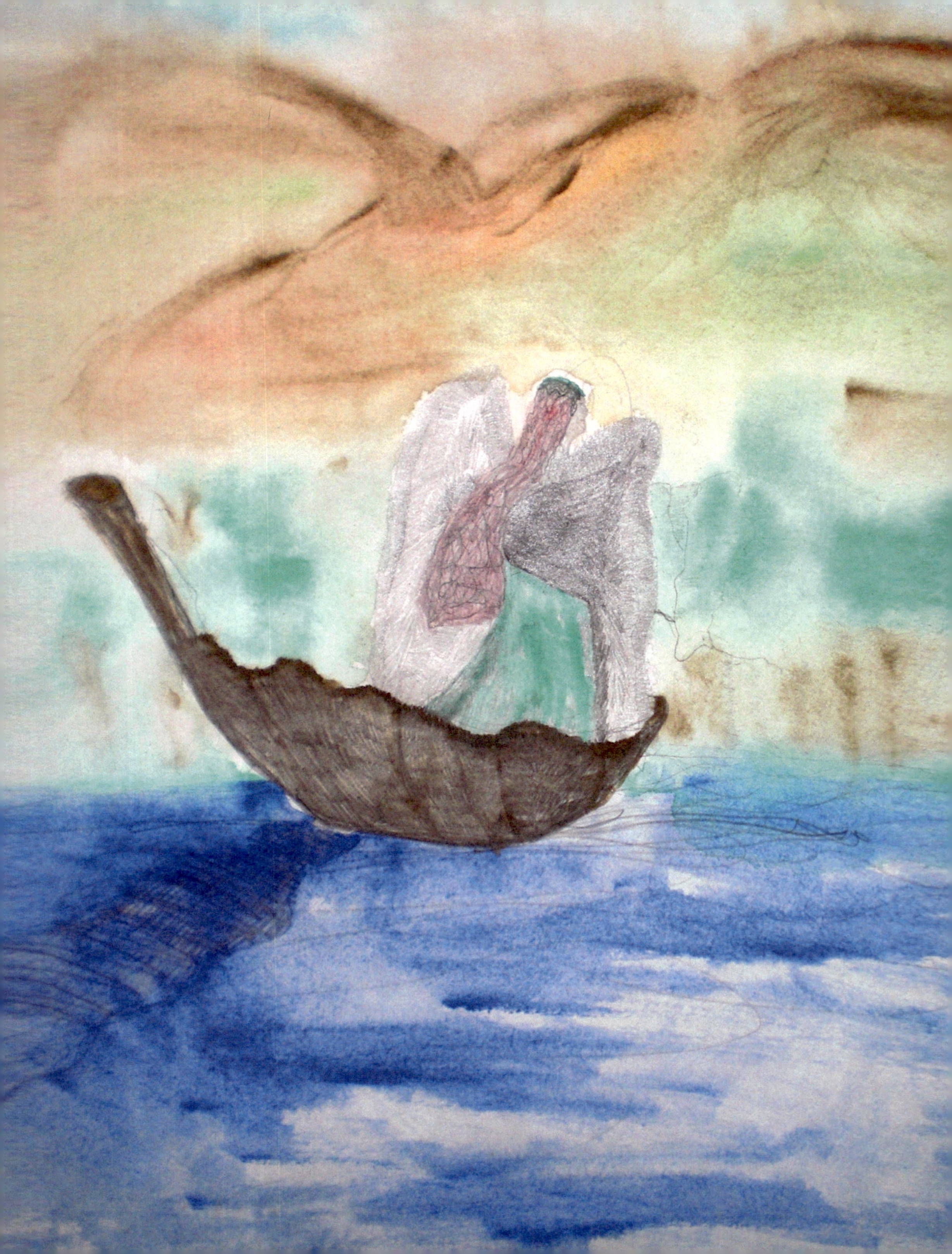

Vergebung

Jemandem zu vergeben bedeutet nicht:
„Ich bin einverstanden mit dem,
was Du getan hast.“

Es bedeutet lediglich:
„Ich bin nicht länger bereit,
aufgrund Deiner Taten Schmerzen zu erleiden!“

...und lasse Dich aus meinen Gedanken los.

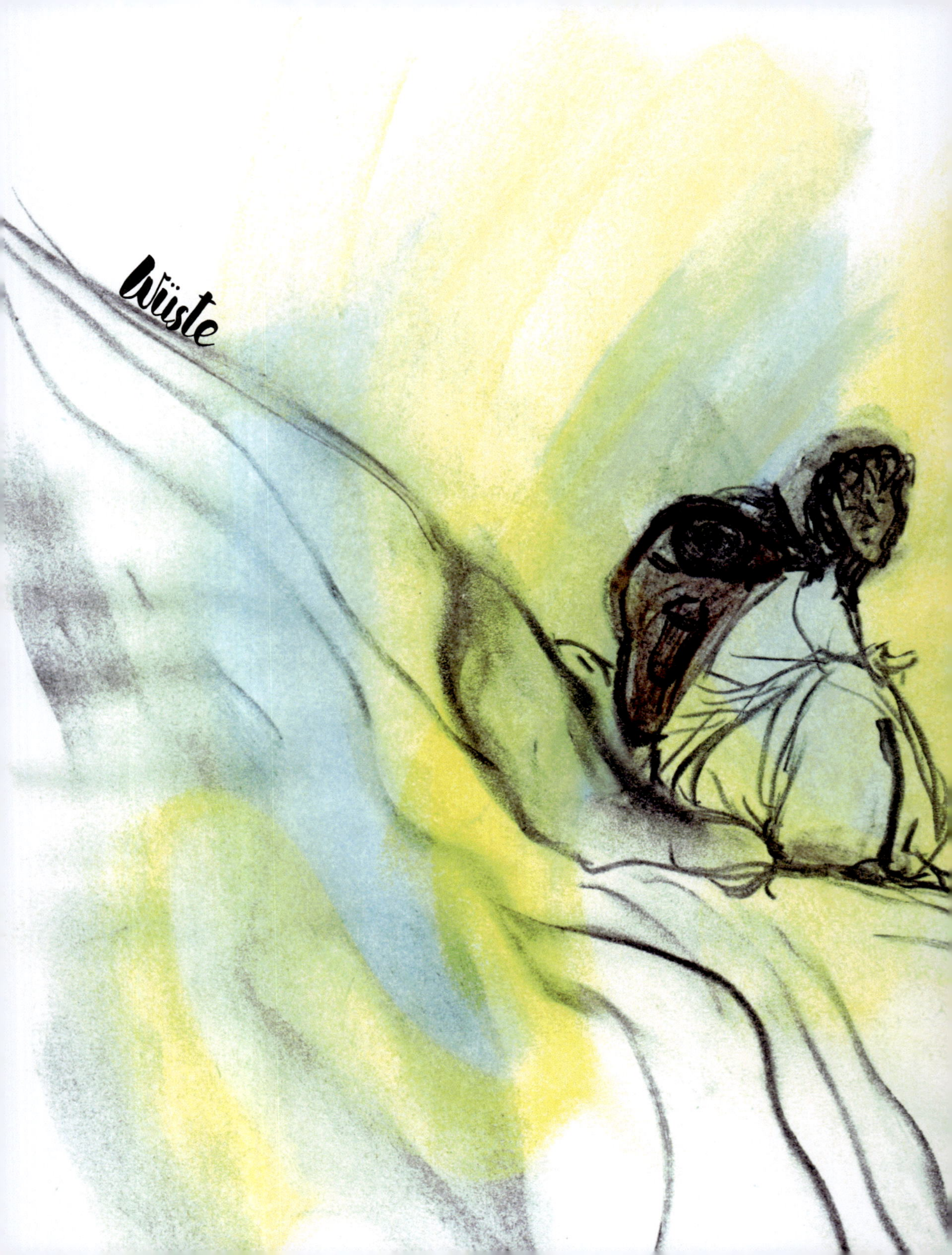
Wüste

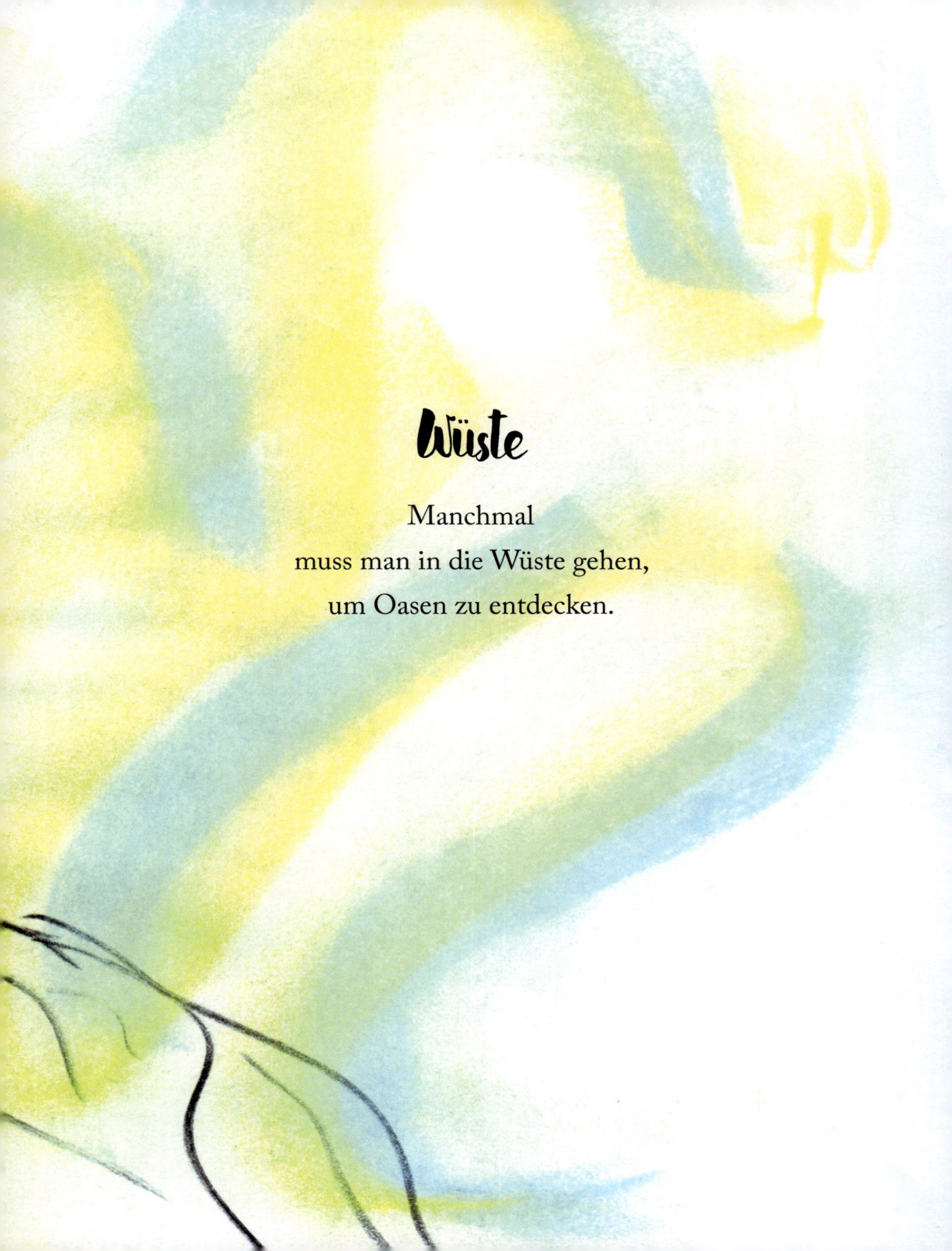

Wüste

Manchmal
muss man in die Wüste gehen,
um Oasen zu entdecken.

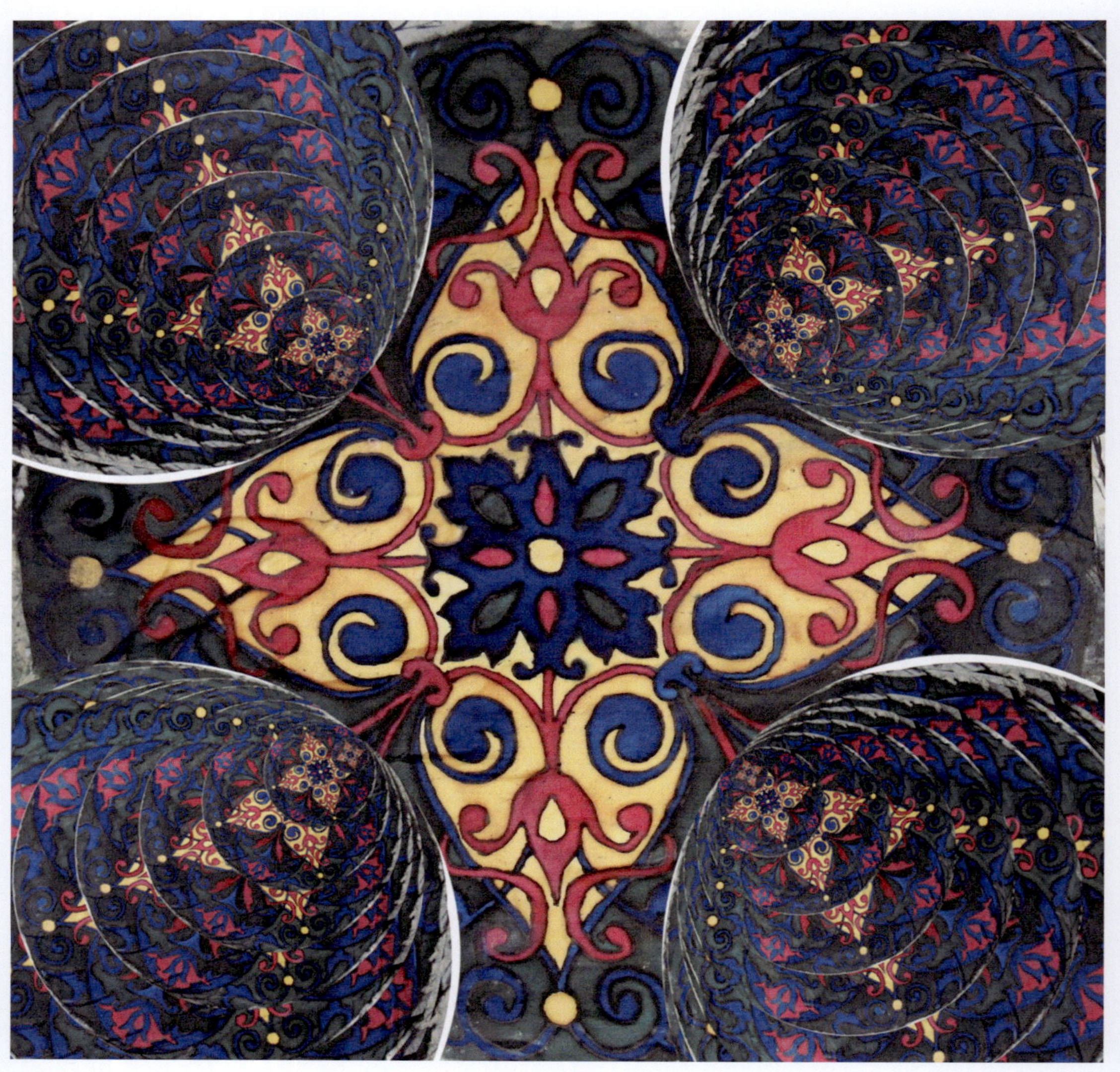

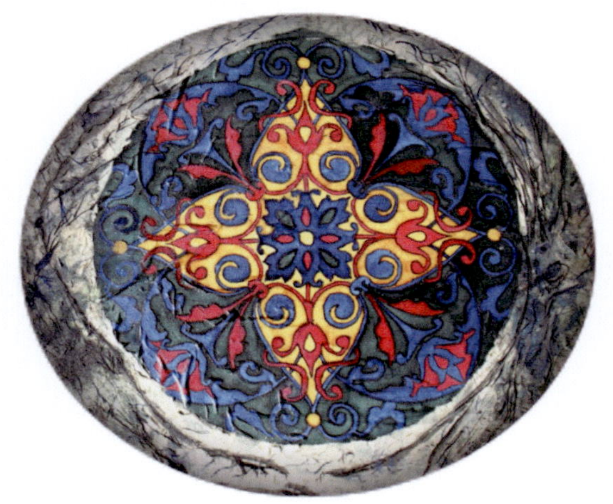

Trughafte Götze

Geld ist eine trughafte Götze.
Es ist Materie – Materie ist Schein.
Liebe ist das Einzige und wahrhaft Göttliche!

Worte

„Worte“
werden
viel gesprochen
Viel zu oft!
Viel zu viel!
Viel zu leer!

Wahre Worte
bleiben oft unausgesprochen!
Wahre Worte
fließen meist von Herz zu Herz!
Wahre Worte
kann man in den Augen lesen!

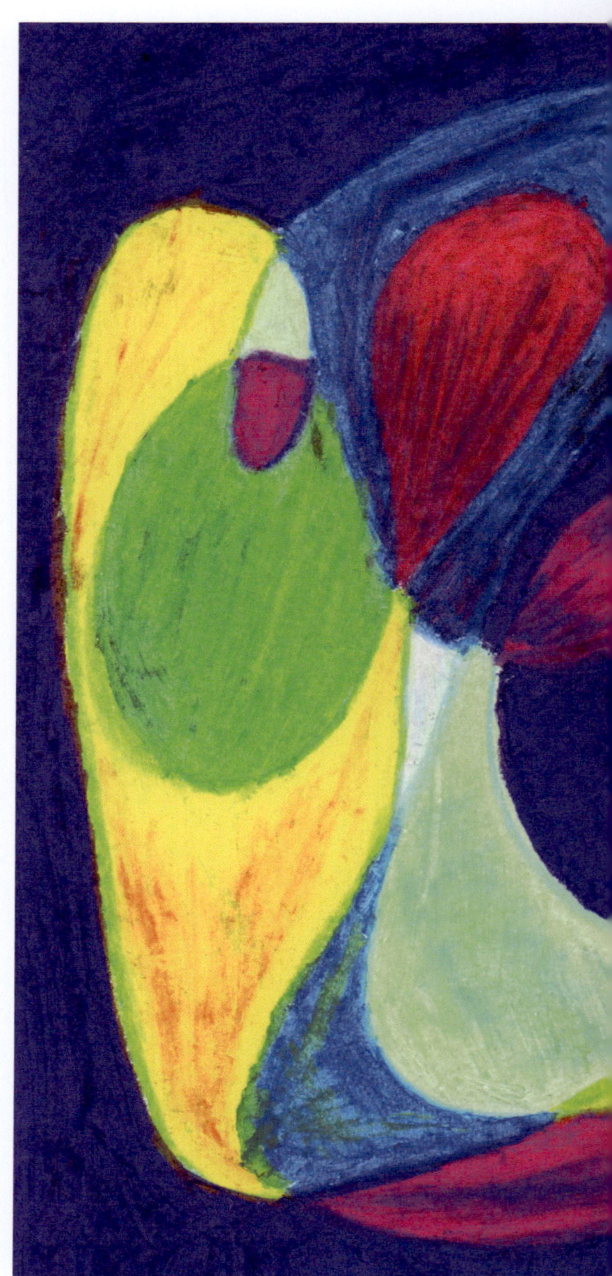

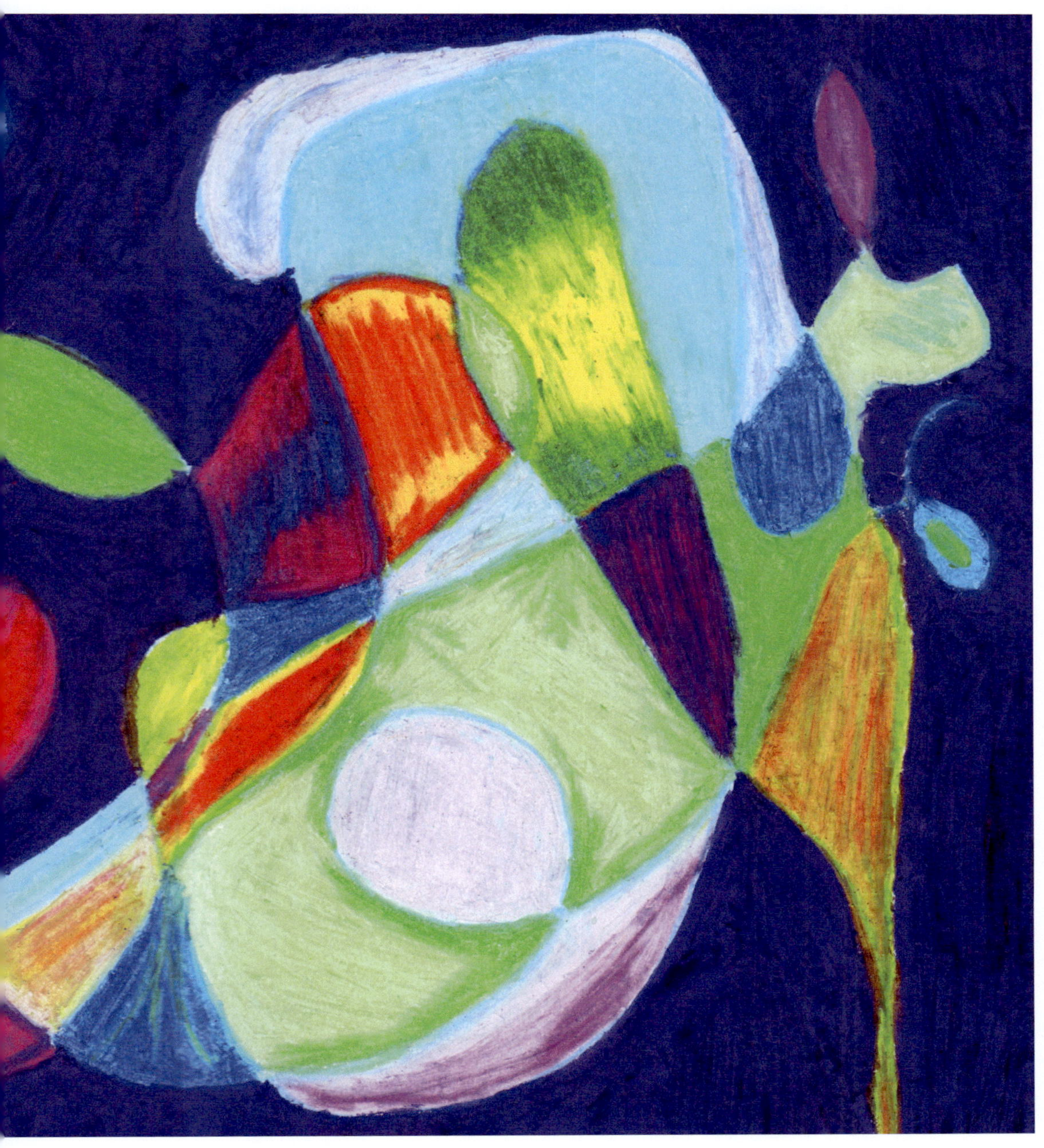

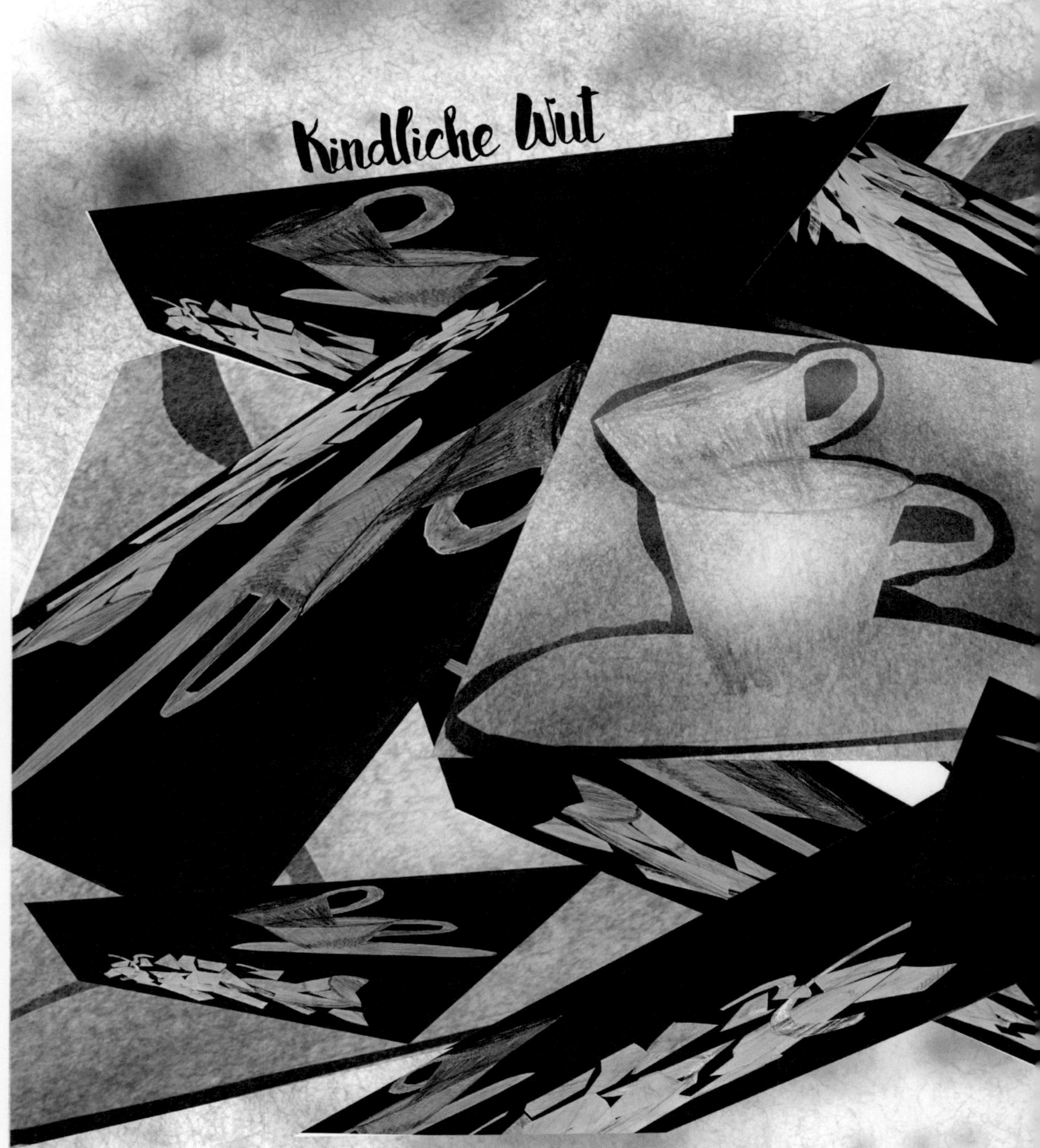
Kindliche Wut

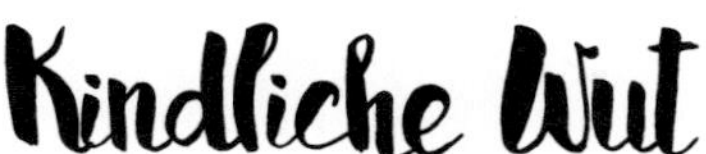

Kindliche Wut

Enttäuschung ...Tränen ...Wut....
Warum lasse ich es überhaupt dazu kommen?
Warum kann mich etwas „ent“-täuschen,
...„des“-illusionieren?!
Doch nur, weil ich mich selber getäuscht habe!
Mir selber etwas vorgaukelte.
Und es nicht so eingetroffen ist, wie ich es wollte.
Das Wollen...
Ich will!
Ein Kind stampft auf … mit Wut und heißen Tränen!
Dieses Bild steigt in mir empor,
wie eine Seifenblase aus meiner Kindheit
…und in mir wächst ein perlendes Lachen
über mich selbst auf...

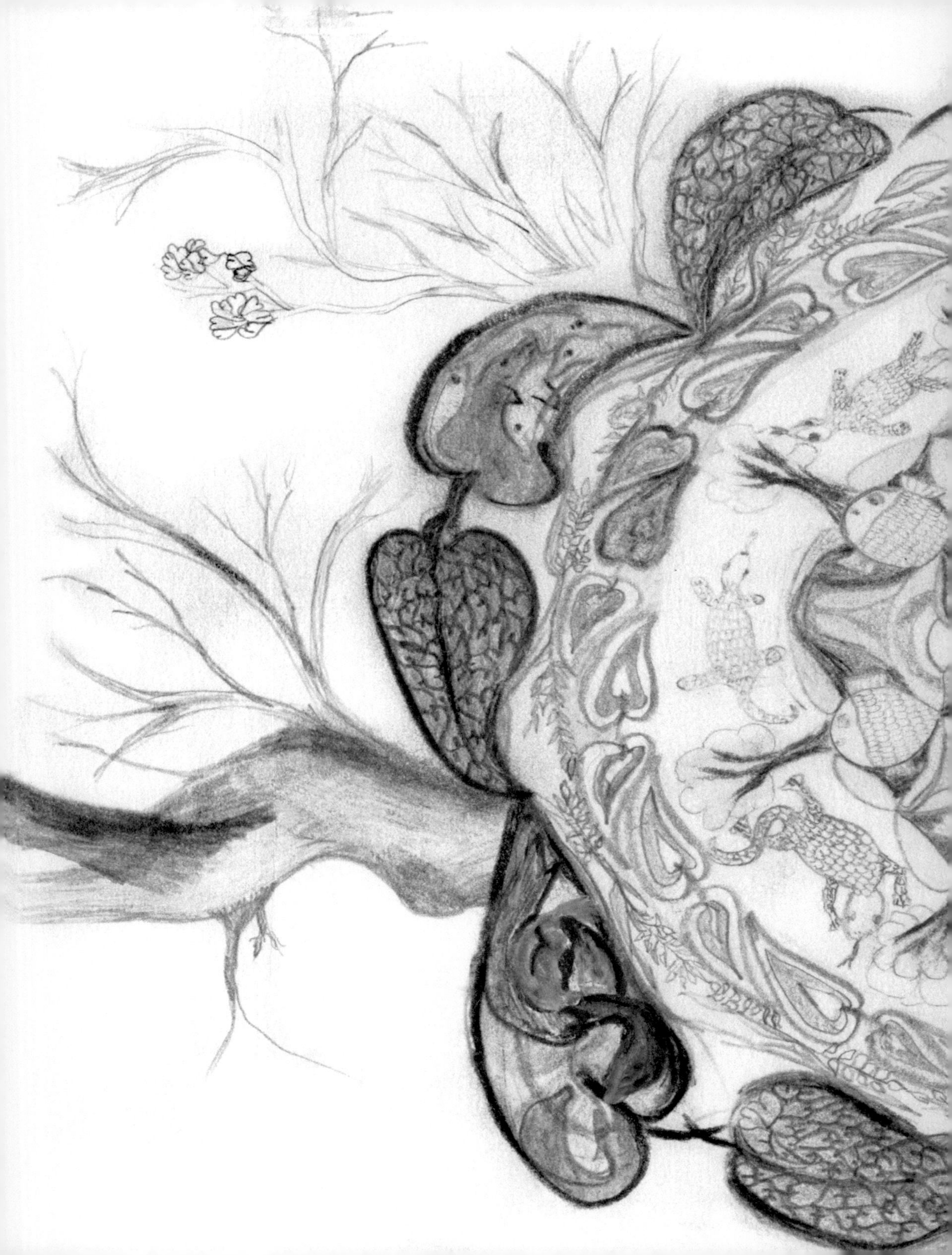

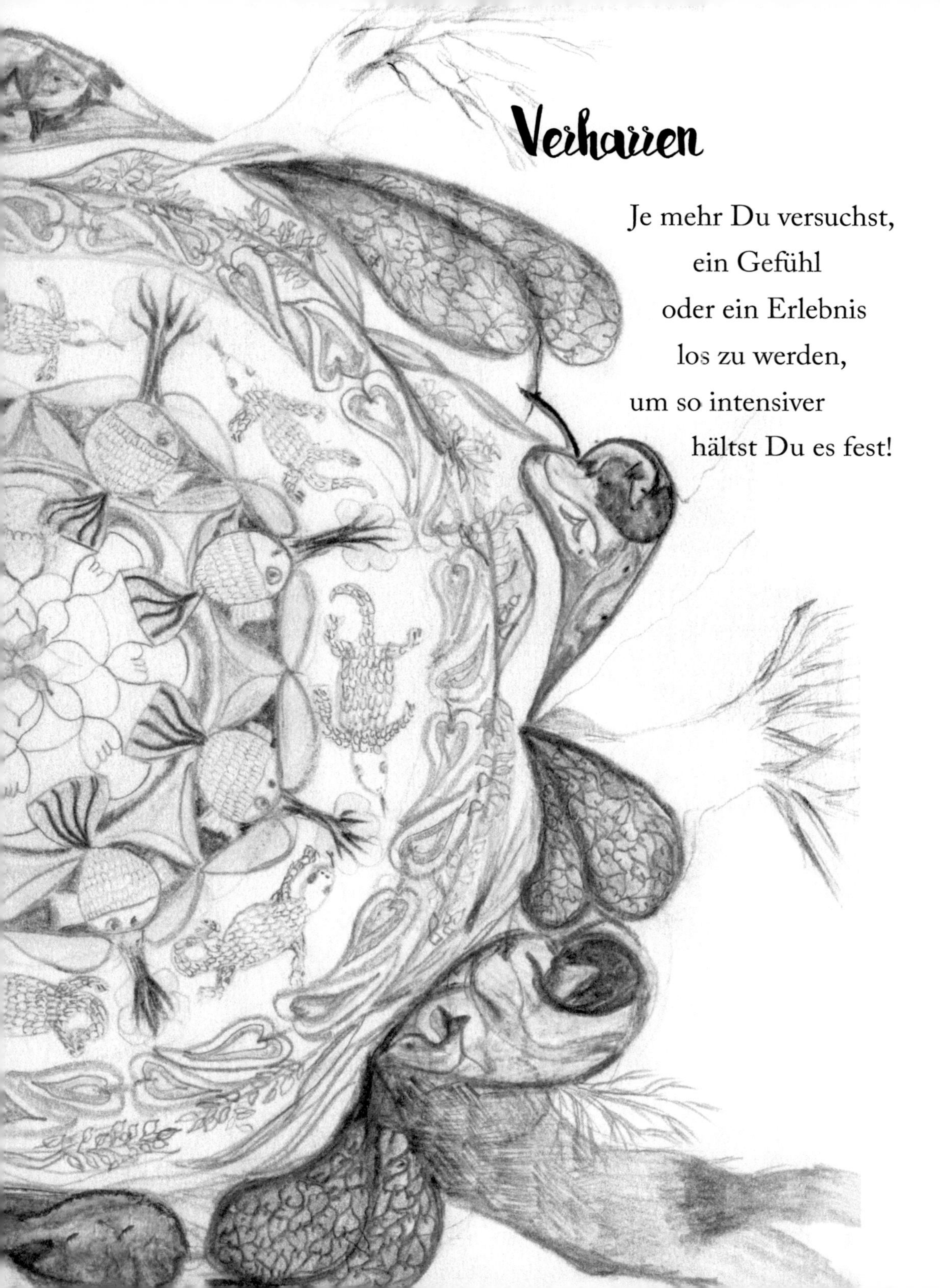

Verharren

Je mehr Du versuchst,
ein Gefühl
oder ein Erlebnis
los zu werden,
um so intensiver
hältst Du es fest!

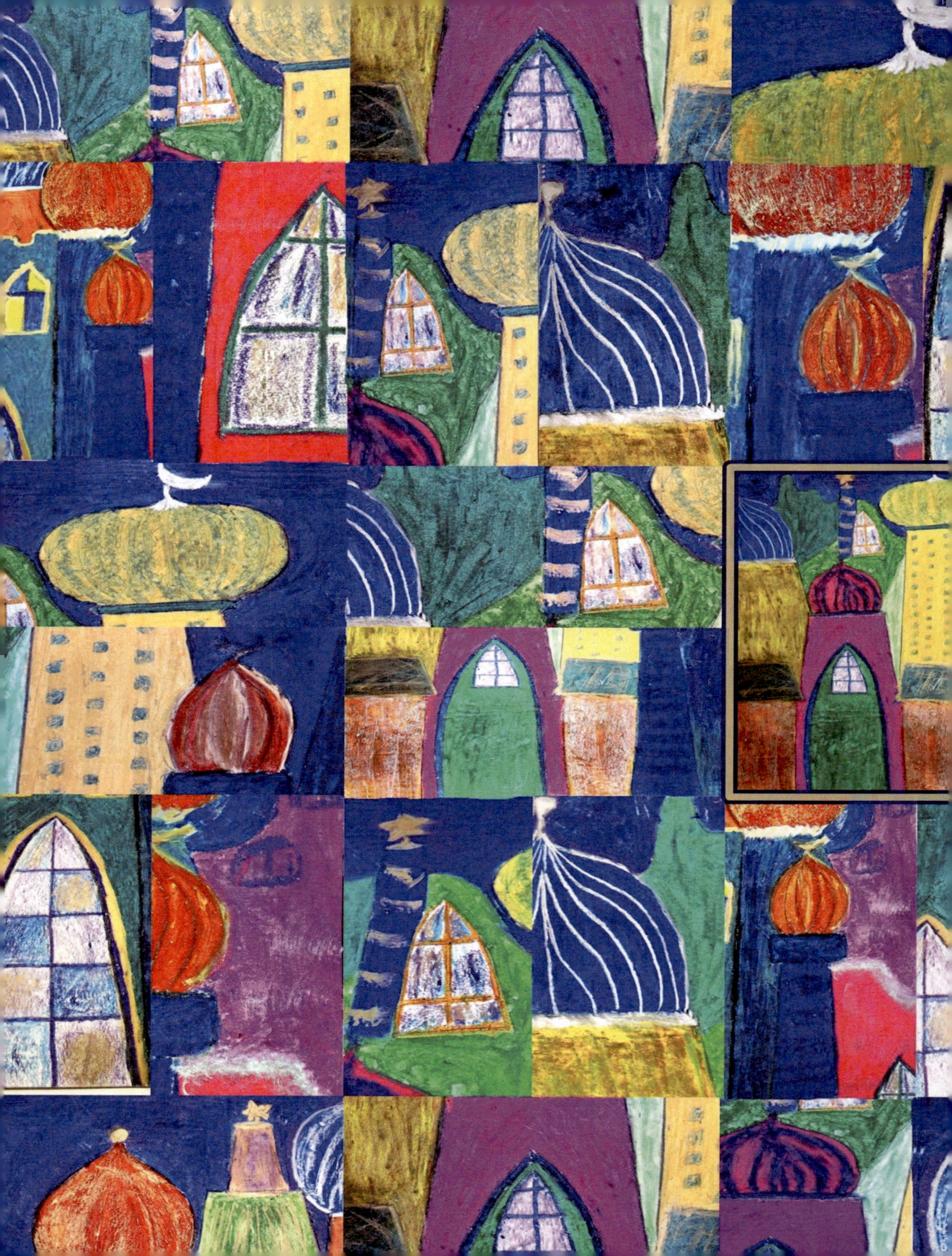

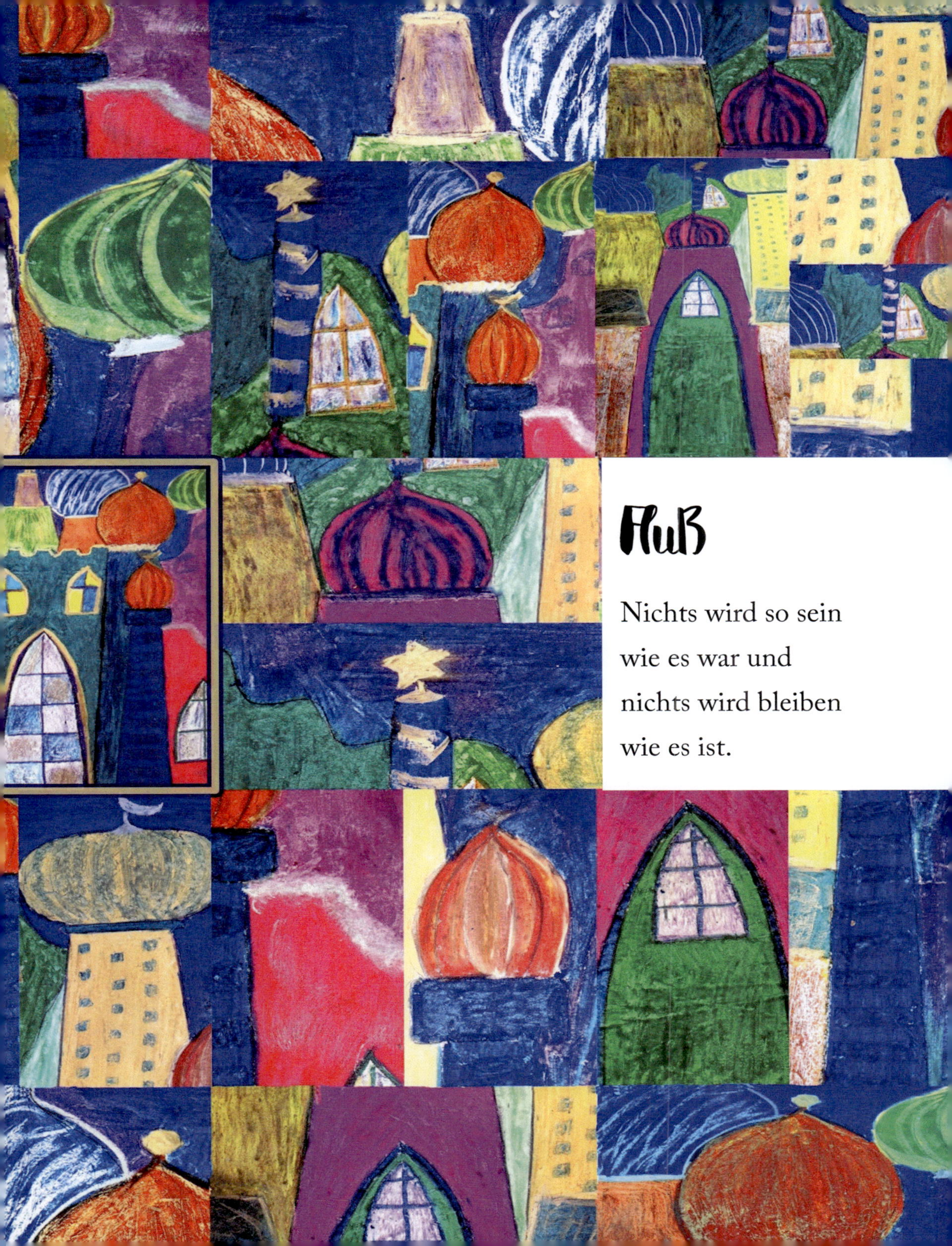

Fluß

Nichts wird so sein
wie es war und
nichts wird bleiben
wie es ist.

Zeit

Der große Vater
gab den Gestirnen ihren Verlauf!
Der Mensch machte daraus die Zeit,
damit er wenigstens einen Zipfel
der göttlichen Schöpfung erfassen konnte.

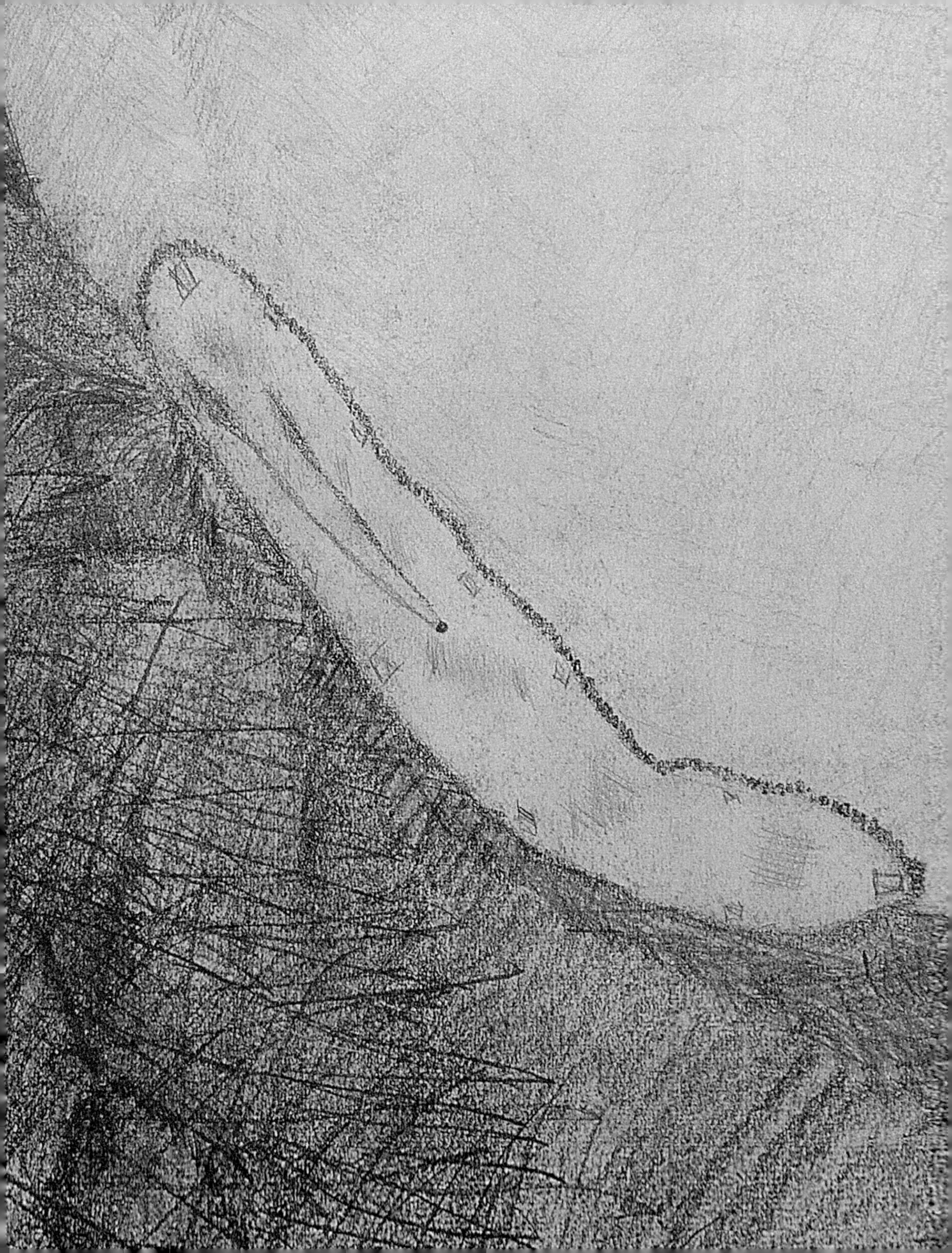

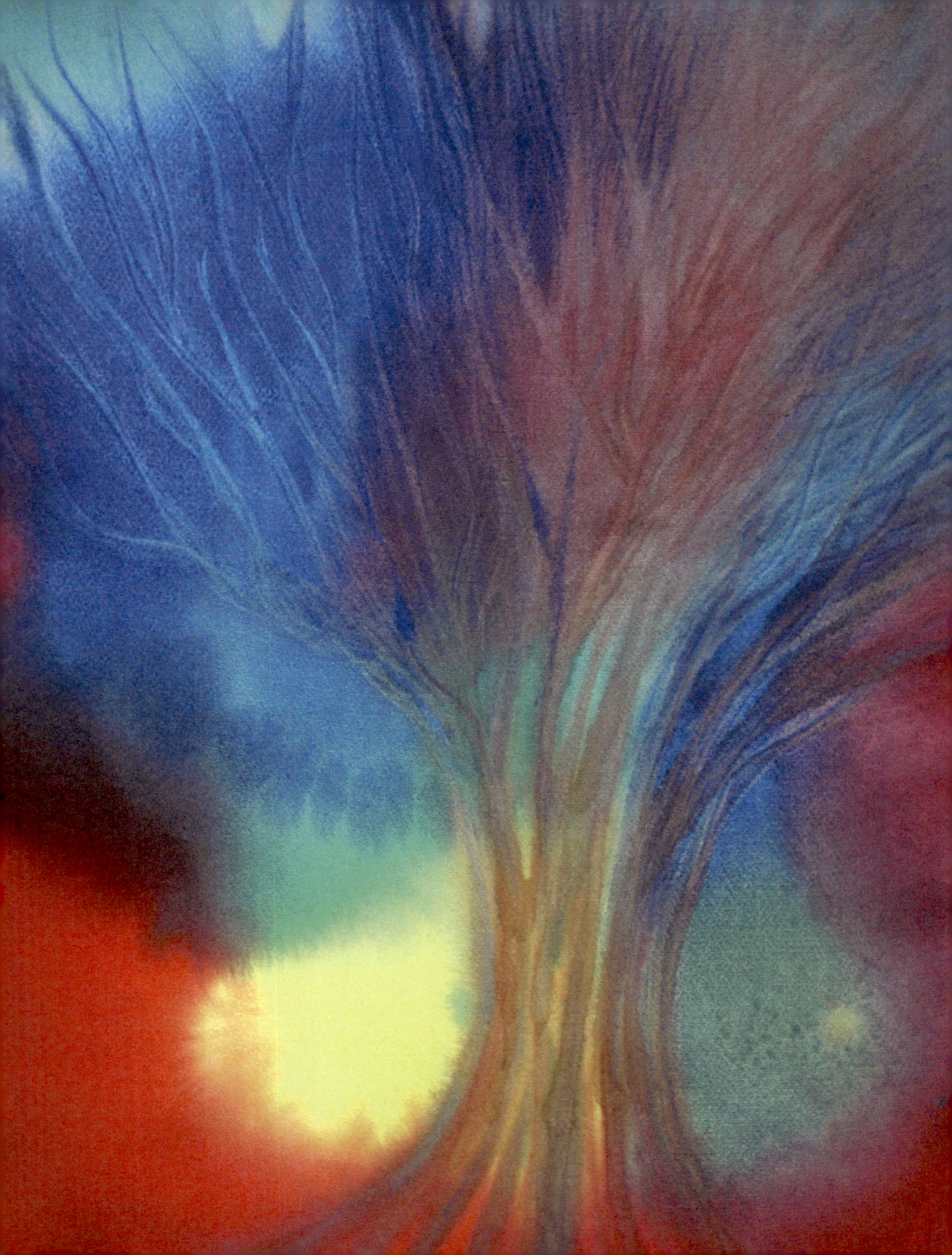

„Mutter Erde“

Hart, schwer, sandig, staubig,
warm, weich, duftend
DU bist viel für mich!
DU trägst mich … vom ersten bis zum letzten Schritt!
DU ernährst mich mit deiner Ernte!
DU fängst den Regen auf und gibst ihn an uns zurück!
Bäche, Seen, Flüsse und Ozeane werden davon gespeist.
… unser Lebenselixier … unsere Heimstatt … unsere Wasserwelten…
In Dir wurzelt alles
...die Pflanzen, die Bäume und auch ich!
Aus Dir wachsen wir.
Durch Dich leben wir.
Doch wissen wir das?
Ist uns das wirklich gegenwärtig?
Behandeln wir Dich mit Respekt?
Tue ich es?
Sicher … sagen tut es jeder.
Staaten schließen Verträge ab… versuchen tun es Viele …
doch danach LEBEN, tun nur sehr wenige.
Gehe ich achtsam genug mit Dir um?

Bedenke

Es ist an der Zeit,
mit dem Alten und Althergebrachten
aufzuräumen und es zu überdenken.
Das was uns unsere Eltern und die Gesellschaft
als wahr, richtig und „so ist es“ präsentierten:
„Stimmt es denn (noch)?“
„Ist es wirklich so?“
„Wie stehe ich dazu?“
„Wie sehe ich das (jetzt)?“
Schaue selbst hin – und nicht durch die Brille eines Dritten!
Siehe selbst auf alles ... mit Deinen eigenen Augen!
Höre selbst mit Deinen Ohren hin
und lausche nicht auf die Worte eines Echos oder Chores.
Du selber: rieche, schmecke, fühle –
und lass es Dir nicht erzählen!
Mache Deine eigenen Erfahrungen,
nur so kannst Du wahrhaftig
aus dem Moment heraus für Dich entscheiden!

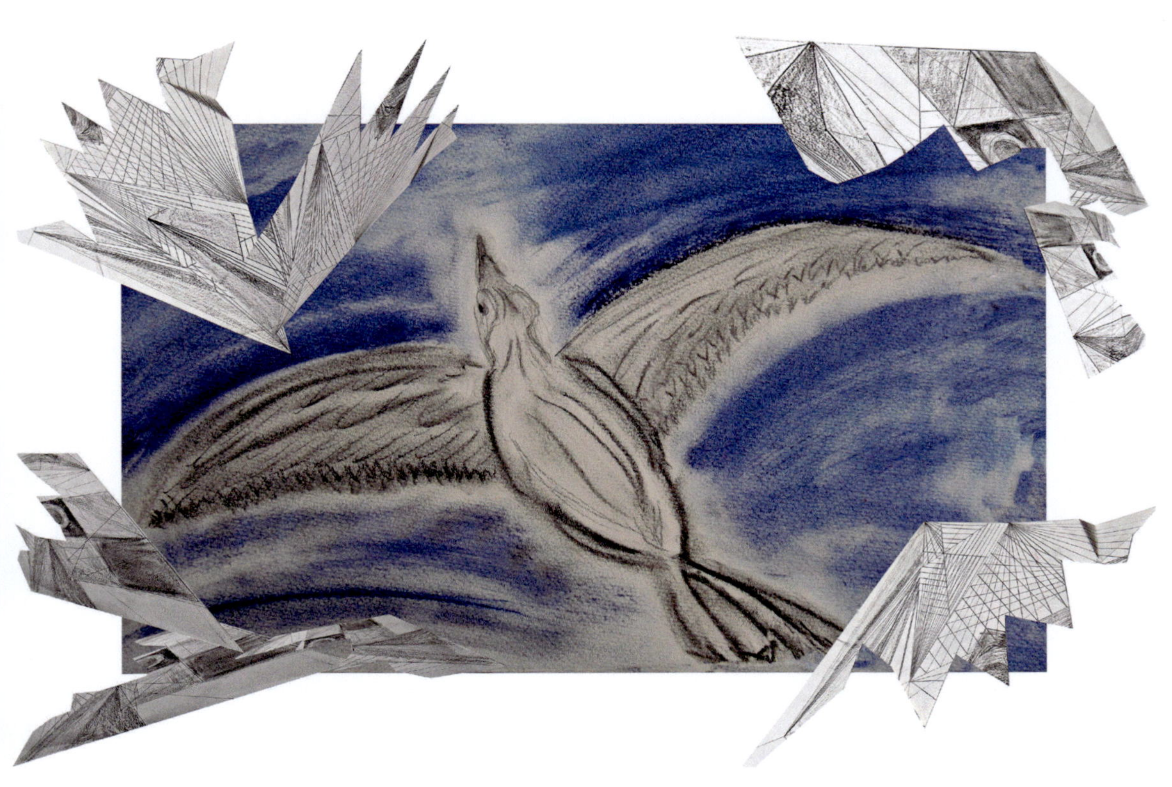

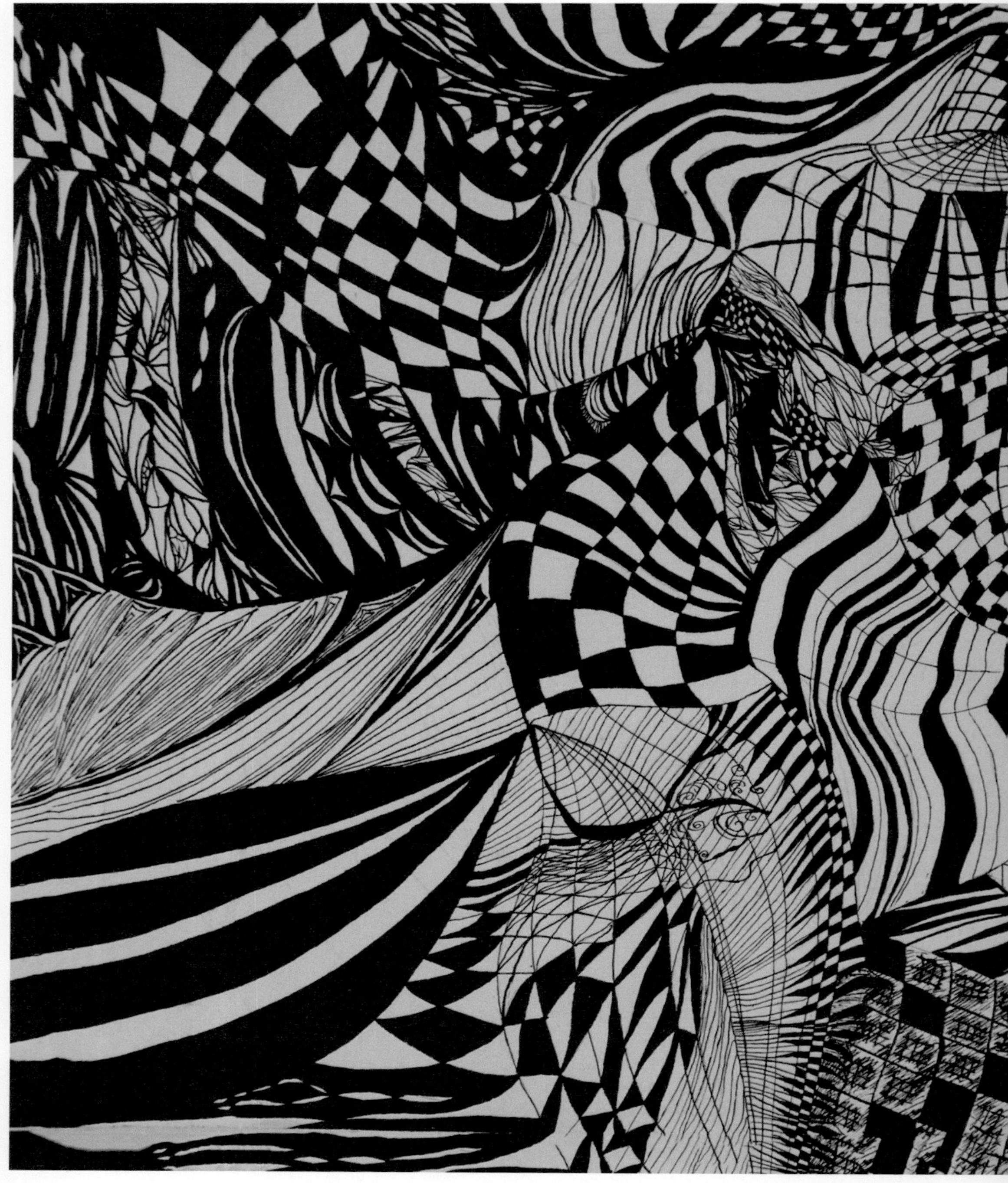

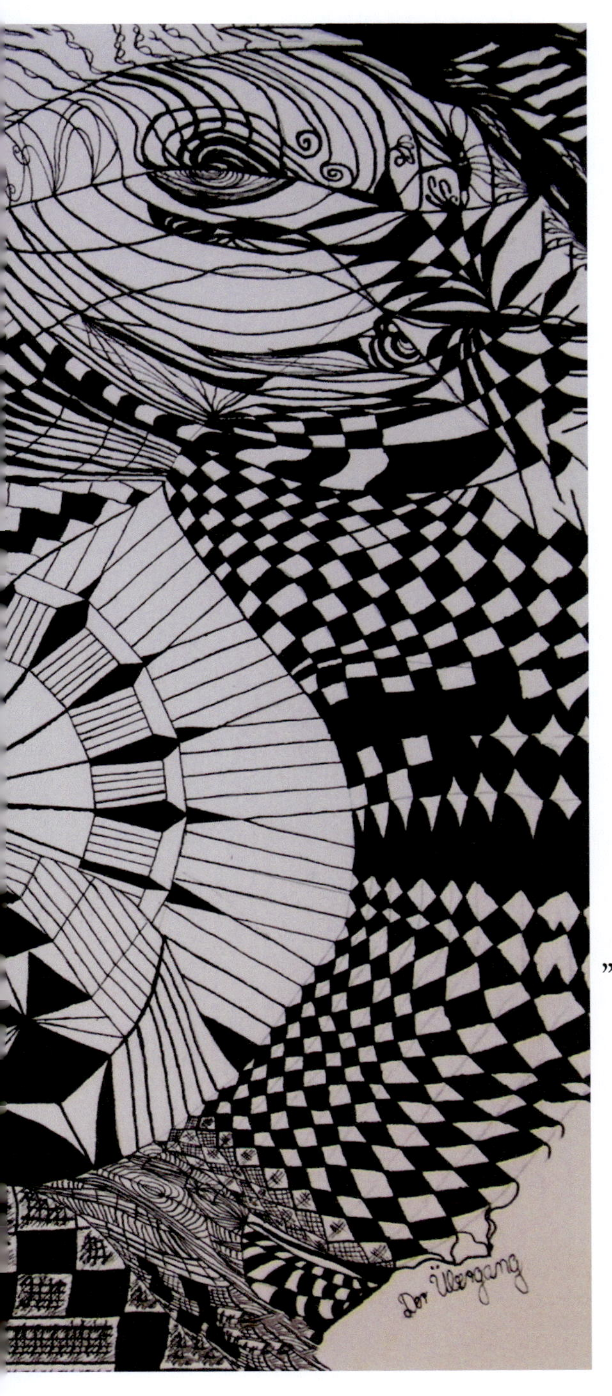

Gegensätze

Licht und Dunkelheit
Macht und Ohnmacht
Liebe und Lieblosigkeit

„Gegensätze"

Gegensätze sind
ein großer Teil unseres Lebens,
in unserer Umwelt,
in uns selbst.
Sie können sich abstoßen.
Sie können sich anziehen.
Es liegt an uns zu ermessen!
„Schenken wir Ihnen Beachtung?"
Oder
„Nehmen wir sie kaum zur Kenntnis?"
Was lösen sie aus? Und am Ende:
„Was mache ich daraus?"

Licht und Dunkelheit
Macht und Ohnmacht
Liebe und Lieblosigkeit

Unmöglich

Das Unmögliche
kann für Dich
möglich werden,
wenn Du es Dir
ermöglichst!

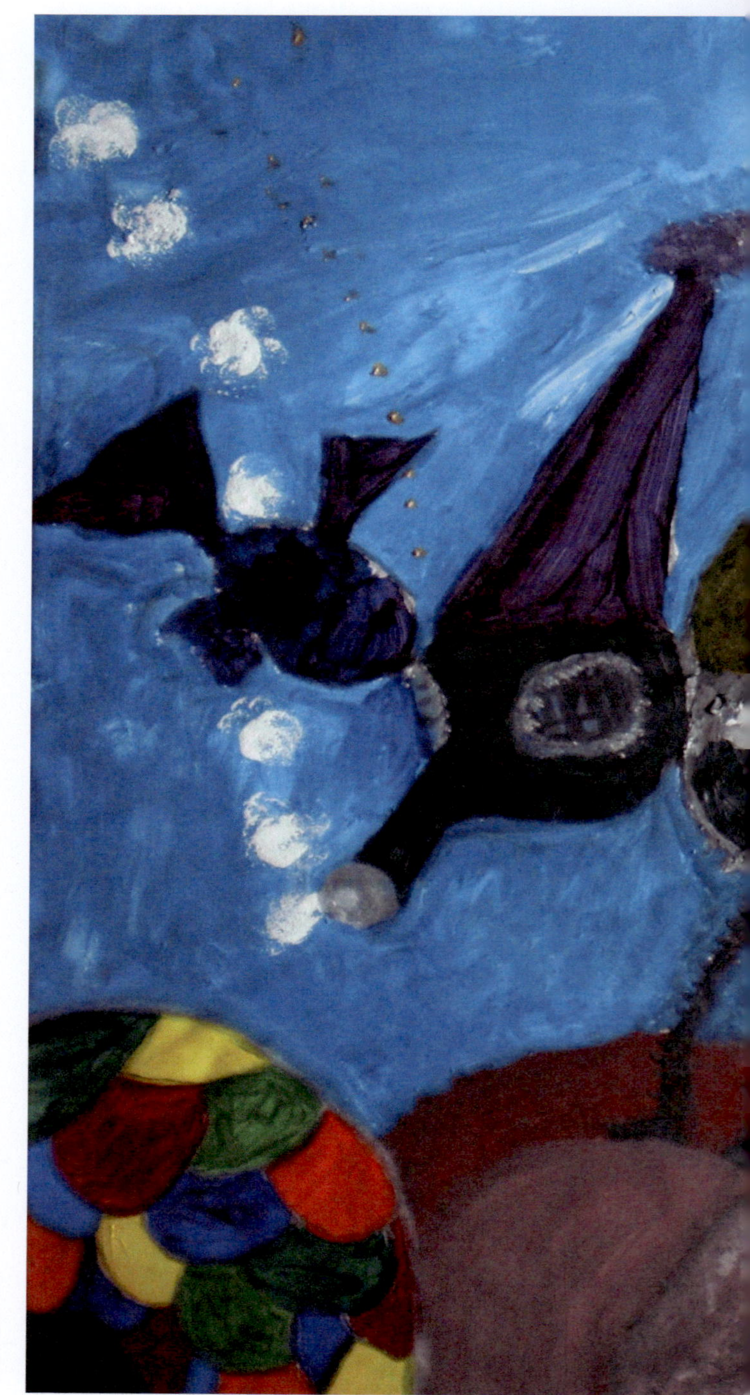

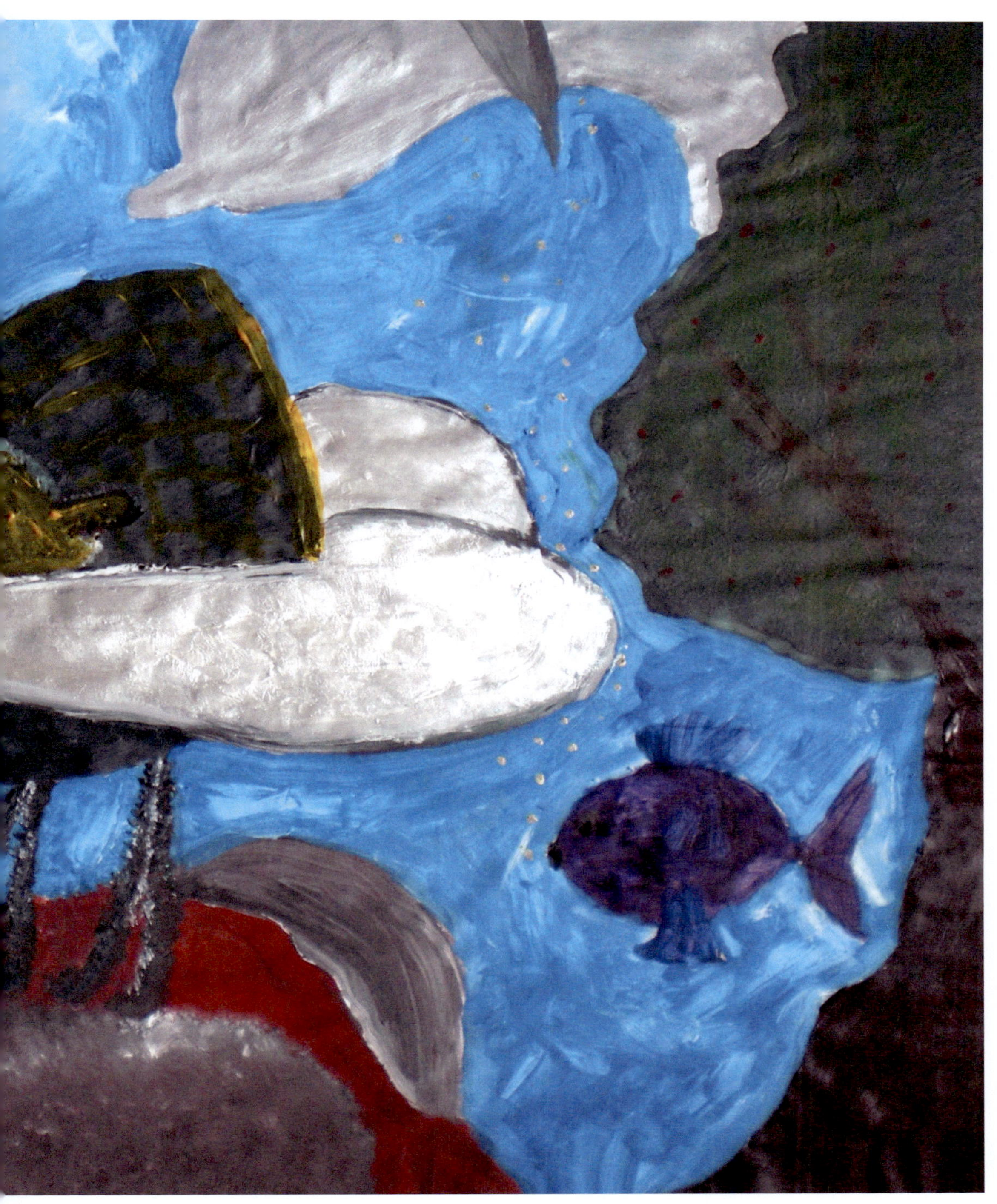

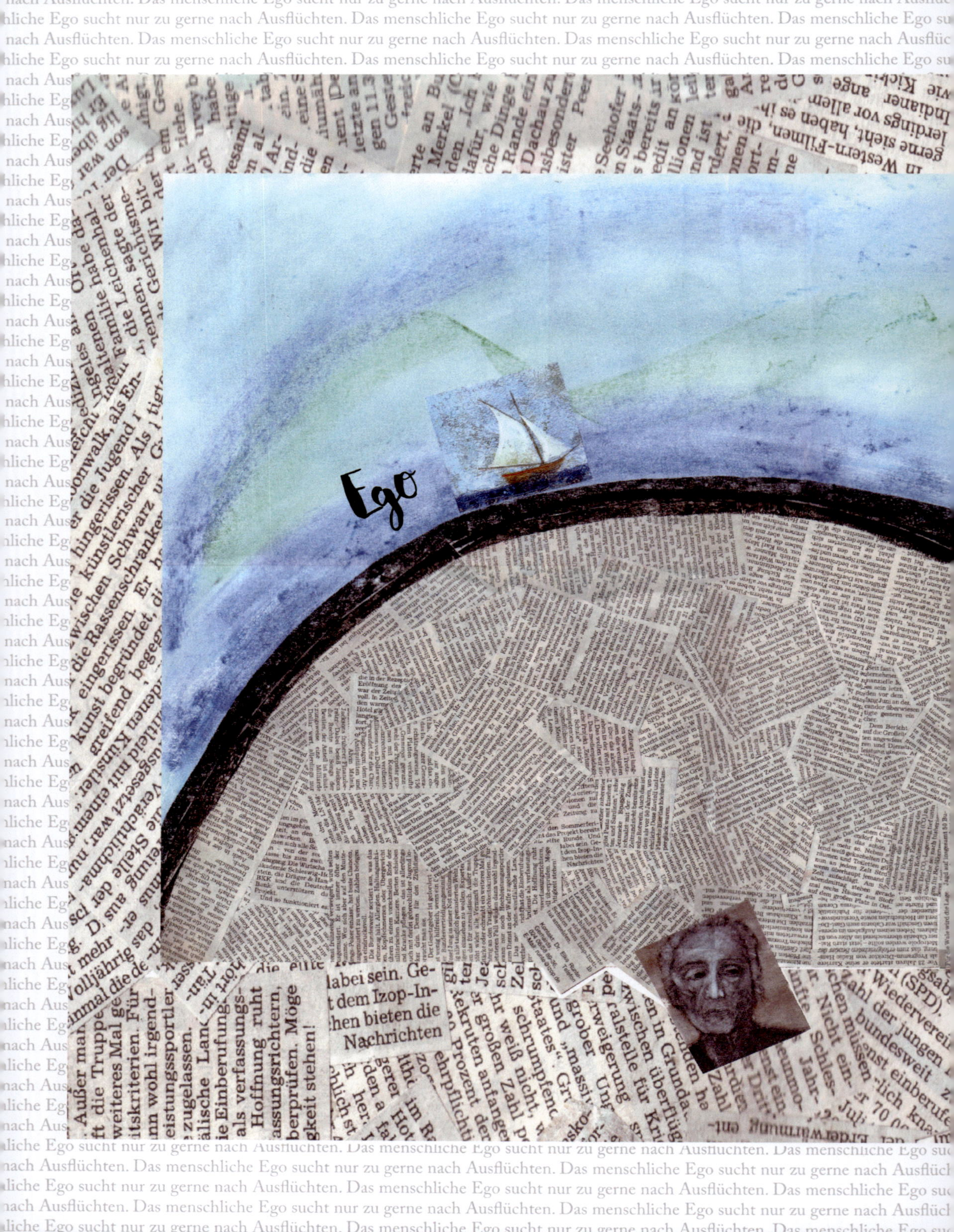
Das menschliche Ego sucht nur zu gerne nach Ausflüchten.
Ego

Ego

Das menschliche Ego
sucht nur zu gerne
nach Ausflüchten.

Lebe

Lebe im Heute.
Lebe im Jetzt.
Damit Du morgen nicht im Gestern
und gestern nicht im Heute lebst!

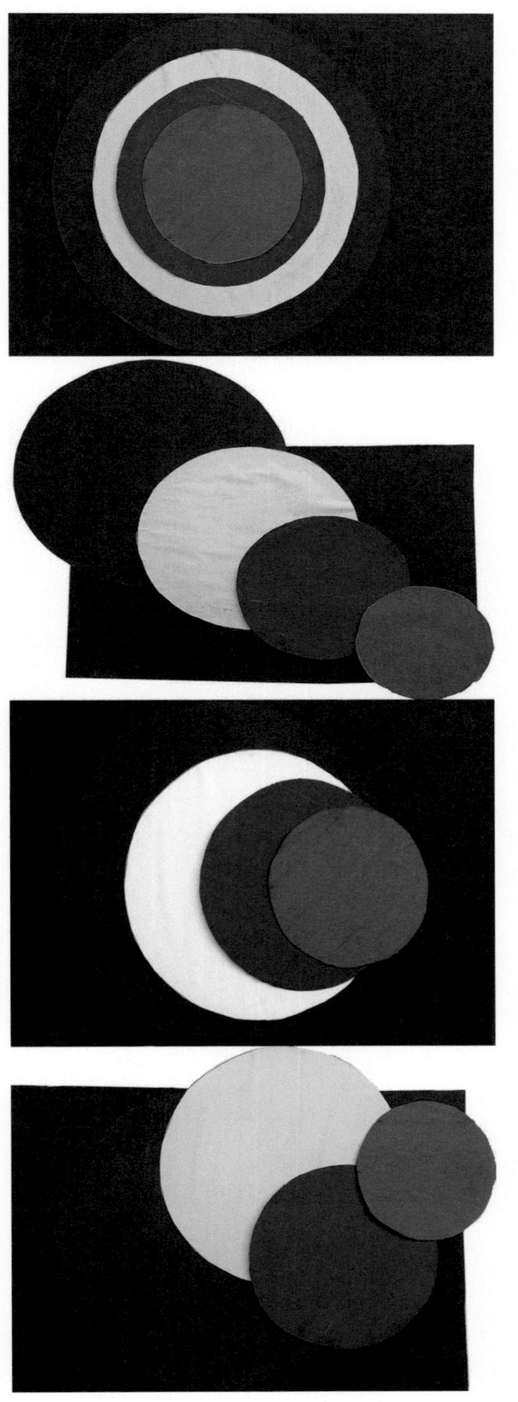

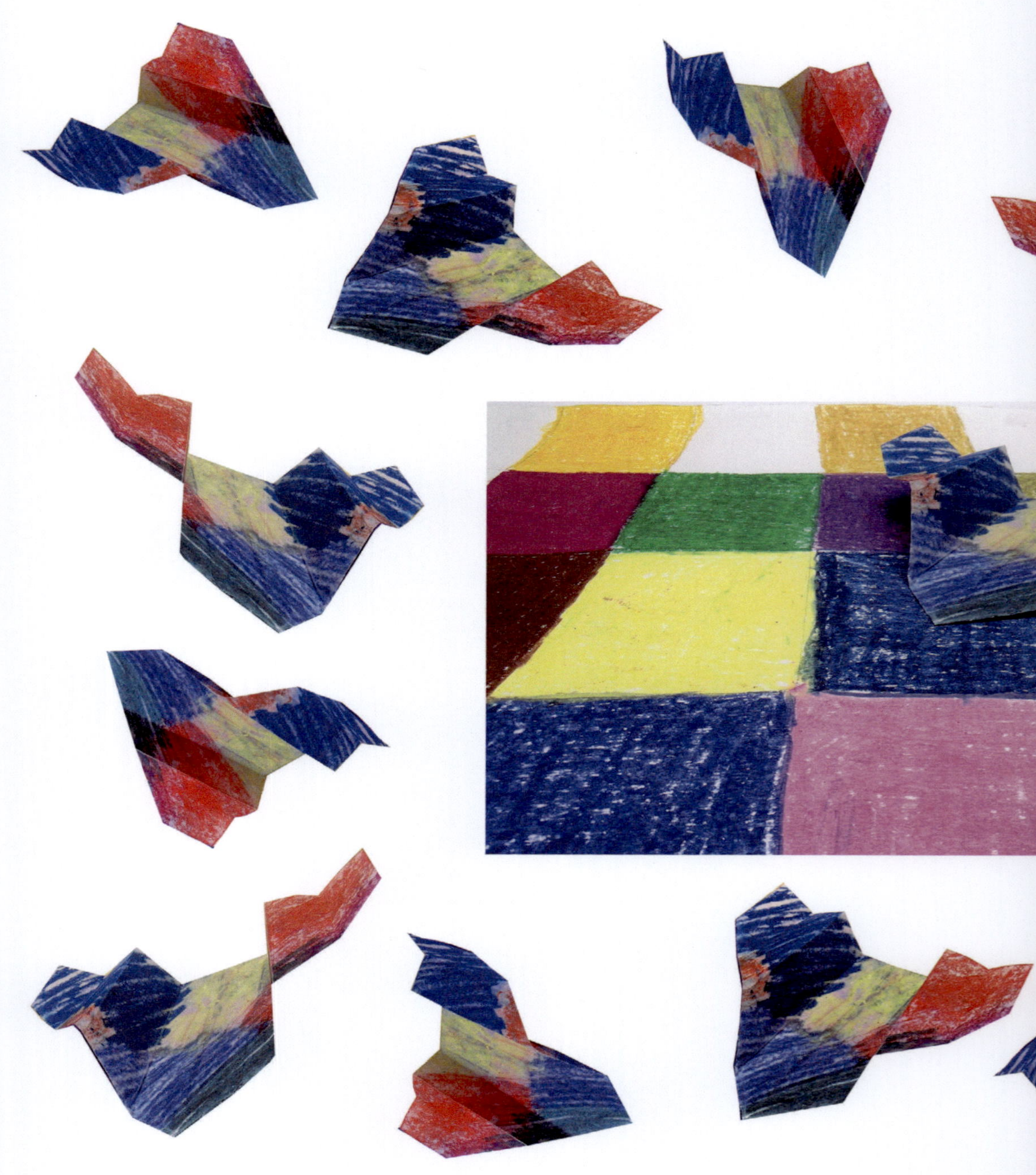

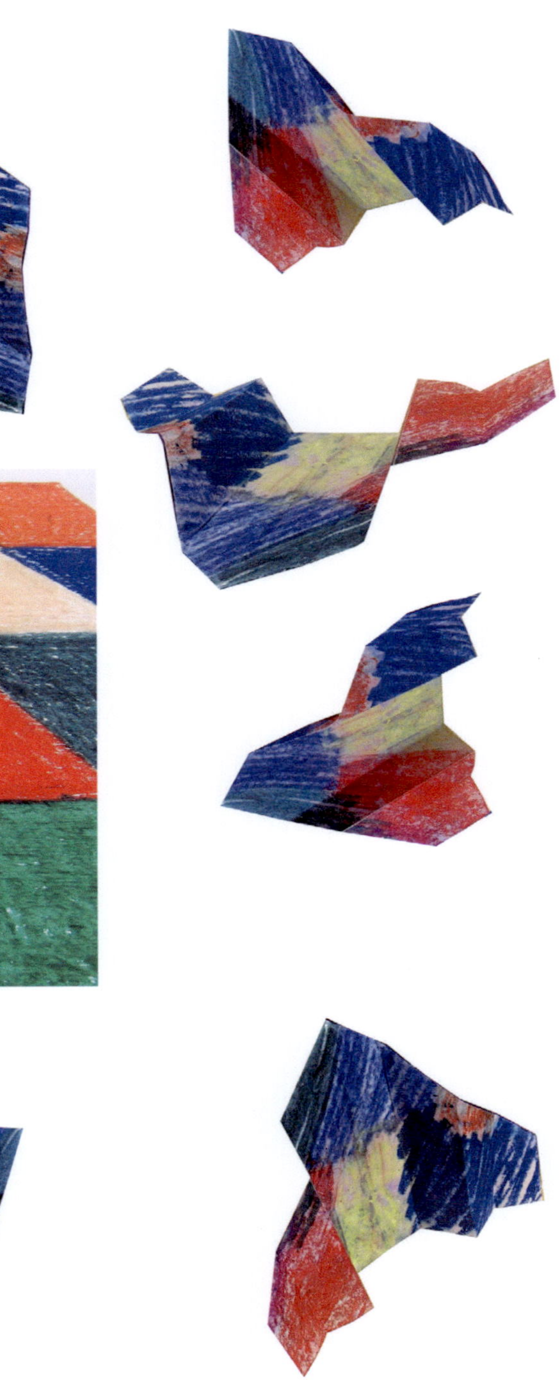

Loslassen

Loslassen heißt
„nicht aufgeben“!
Heißt
„nicht zu verzagen“!
Nein!
Es bedeutet,
es zu überantworten.
„Ja“ zu sagen,
zu dem
nicht willentlichen „Wollen“.
Loszulassen bedeutet,
darauf zu vertrauen,
dass sein darf,
was da auf mich wartet und
für mich bestimmt ist.
Nicht aber unbedingt das,
was ich will und wollte!
So sei es drum!
Loslassen bedeutet für mich,
mich einzulassen
auf ein Abenteuer;
das Abenteuer
meines Lebens …
...ohne Plan ...
...ohne doppelten Boden.

Respekt

In unserer
hochtechnisierten Welt,
scheinen wir Menschen
den Respekt vor der Natur
und seinen Gewalten
vergessen und
verloren zu haben!

Doch wenn die Natur
sich diesen,
ohne Kompromisse
zurückfordert,
halten wir vor Schreck
den Atem an und lernen ,
dass verlernte Bitten
zu unserem Gott.

Warum müssen wir
nur immer wieder
wachgerüttelt werden?

Warum können wir
nicht lernen und vor allem,
das Erlernte auch
behalten und umsetzen?

Warum ist der Mensch
nur so vergesslich?

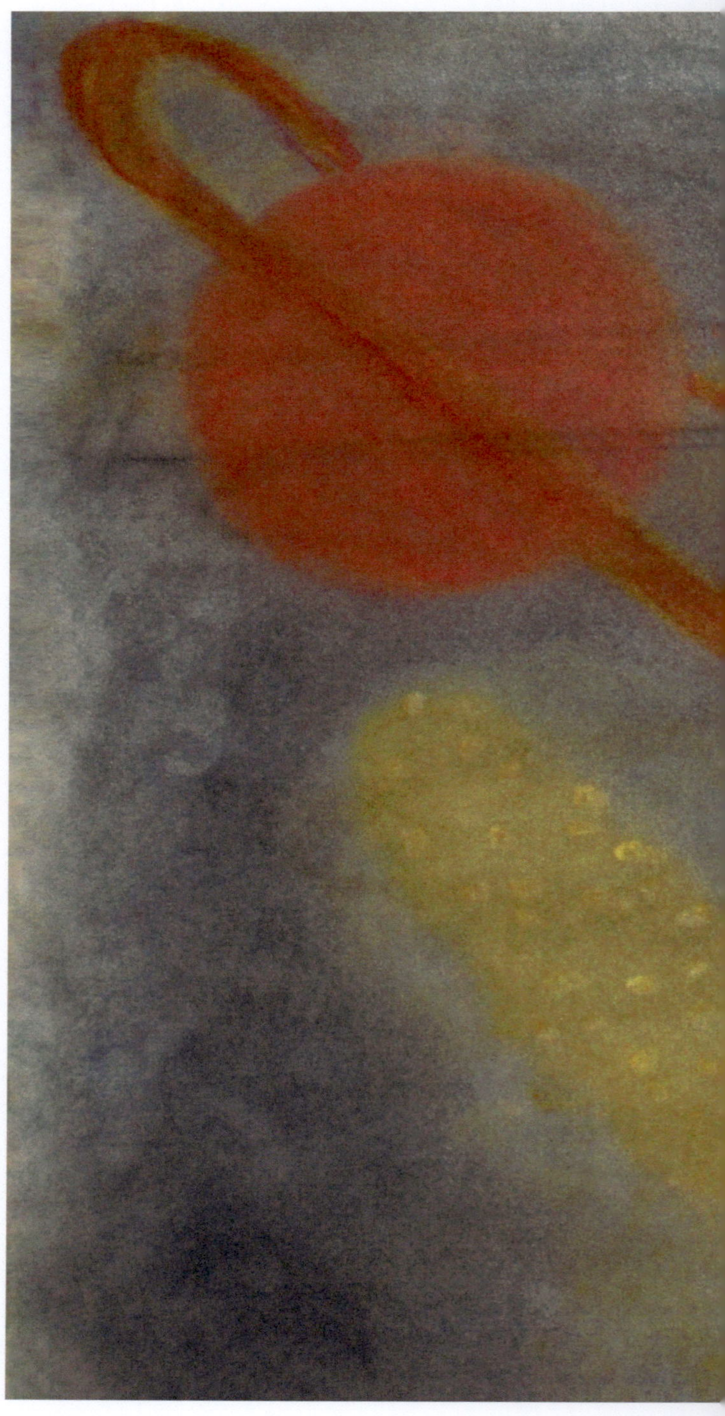

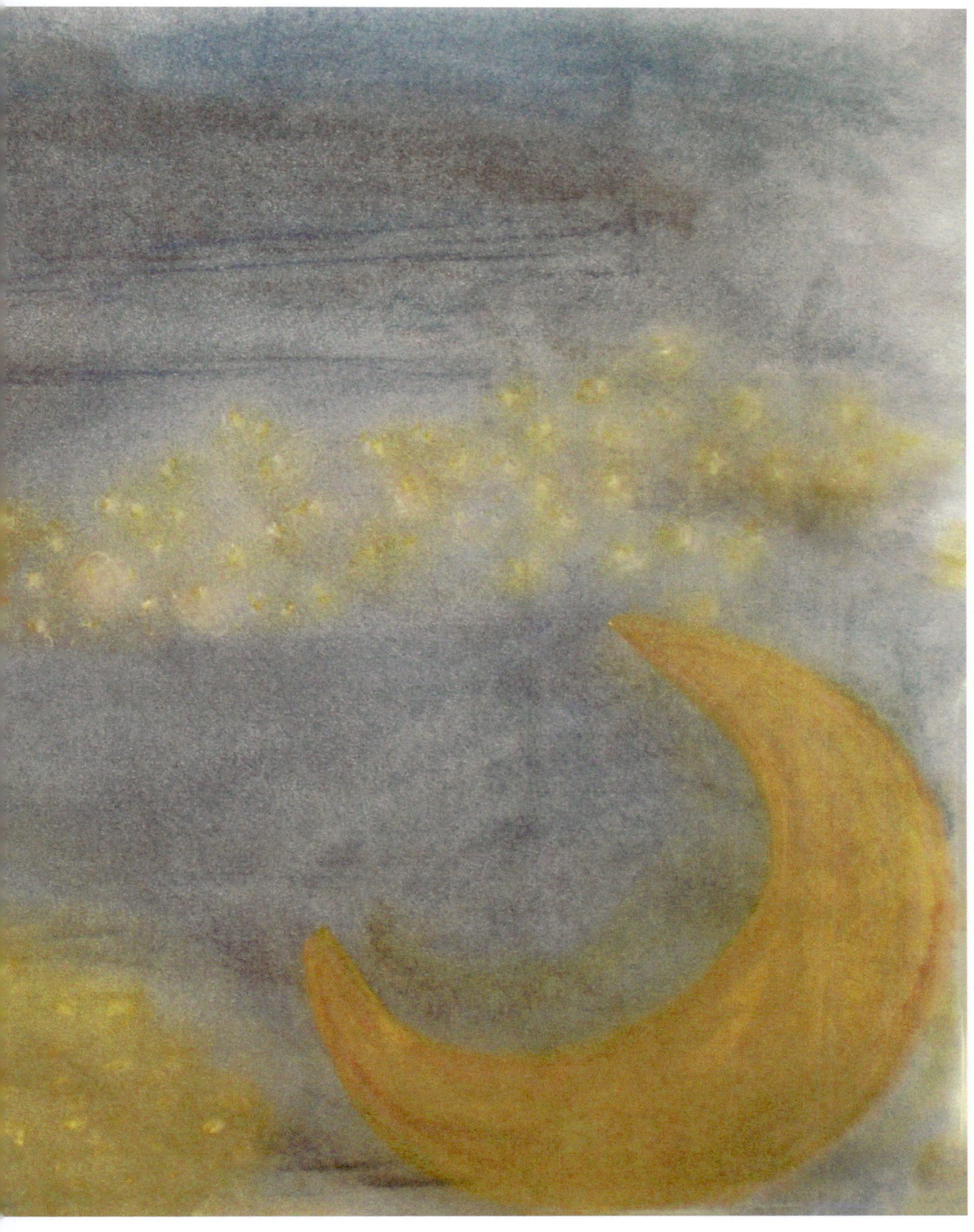

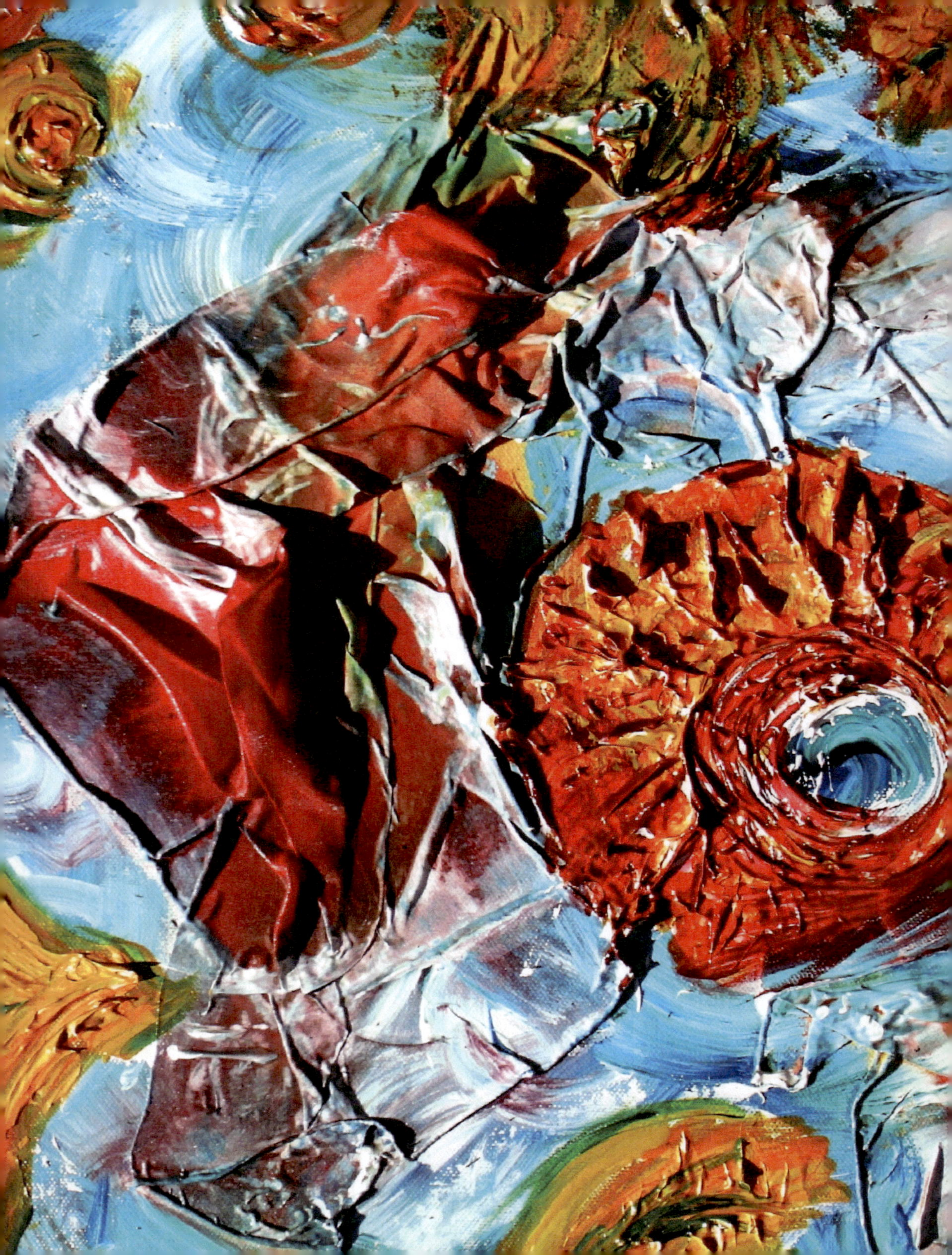

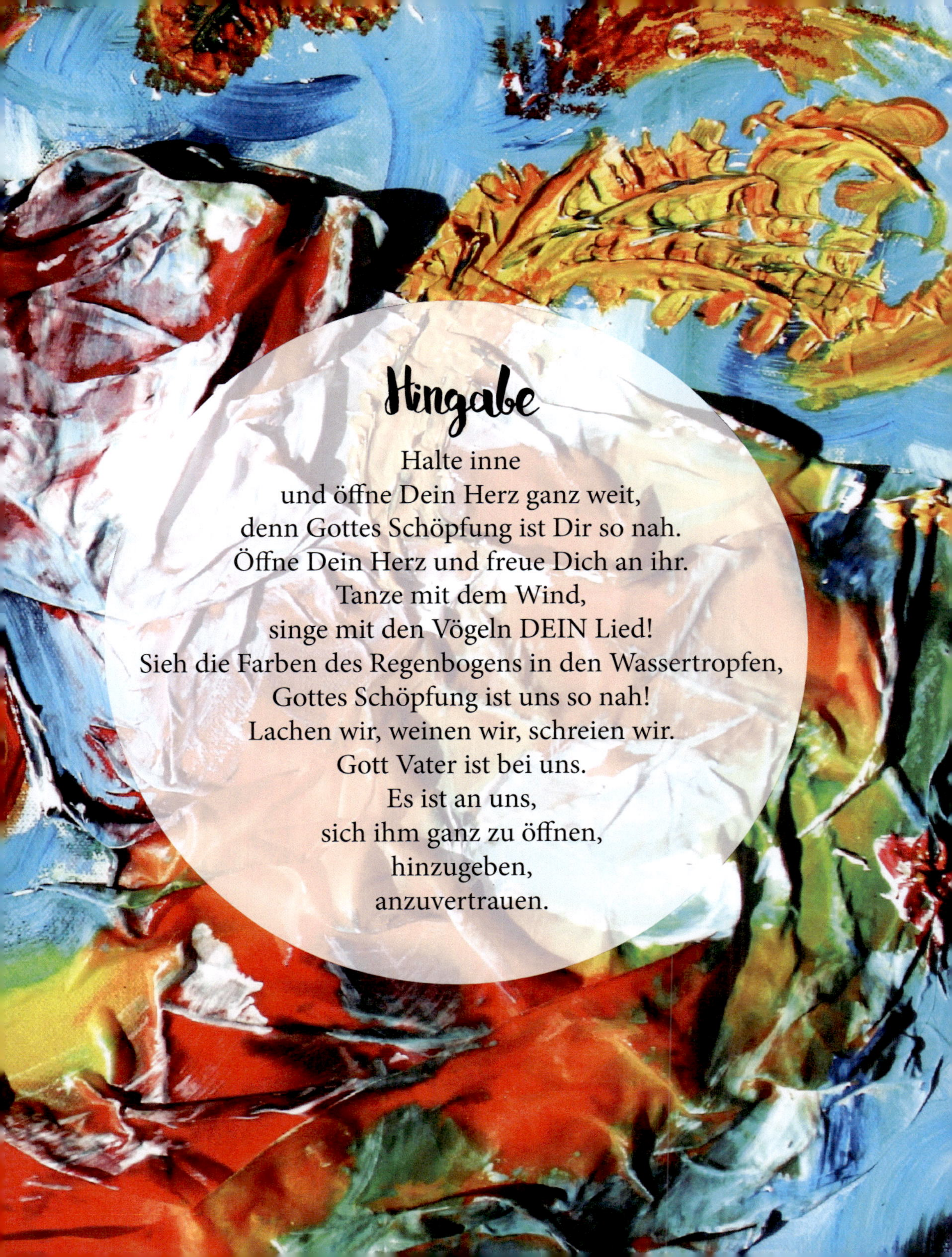

Hingabe

Halte inne
und öffne Dein Herz ganz weit,
denn Gottes Schöpfung ist Dir so nah.
Öffne Dein Herz und freue Dich an ihr.
Tanze mit dem Wind,
singe mit den Vögeln DEIN Lied!
Sieh die Farben des Regenbogens in den Wassertropfen,
Gottes Schöpfung ist uns so nah!
Lachen wir, weinen wir, schreien wir.
Gott Vater ist bei uns.
Es ist an uns,
sich ihm ganz zu öffnen,
hinzugeben,
anzuvertrauen.

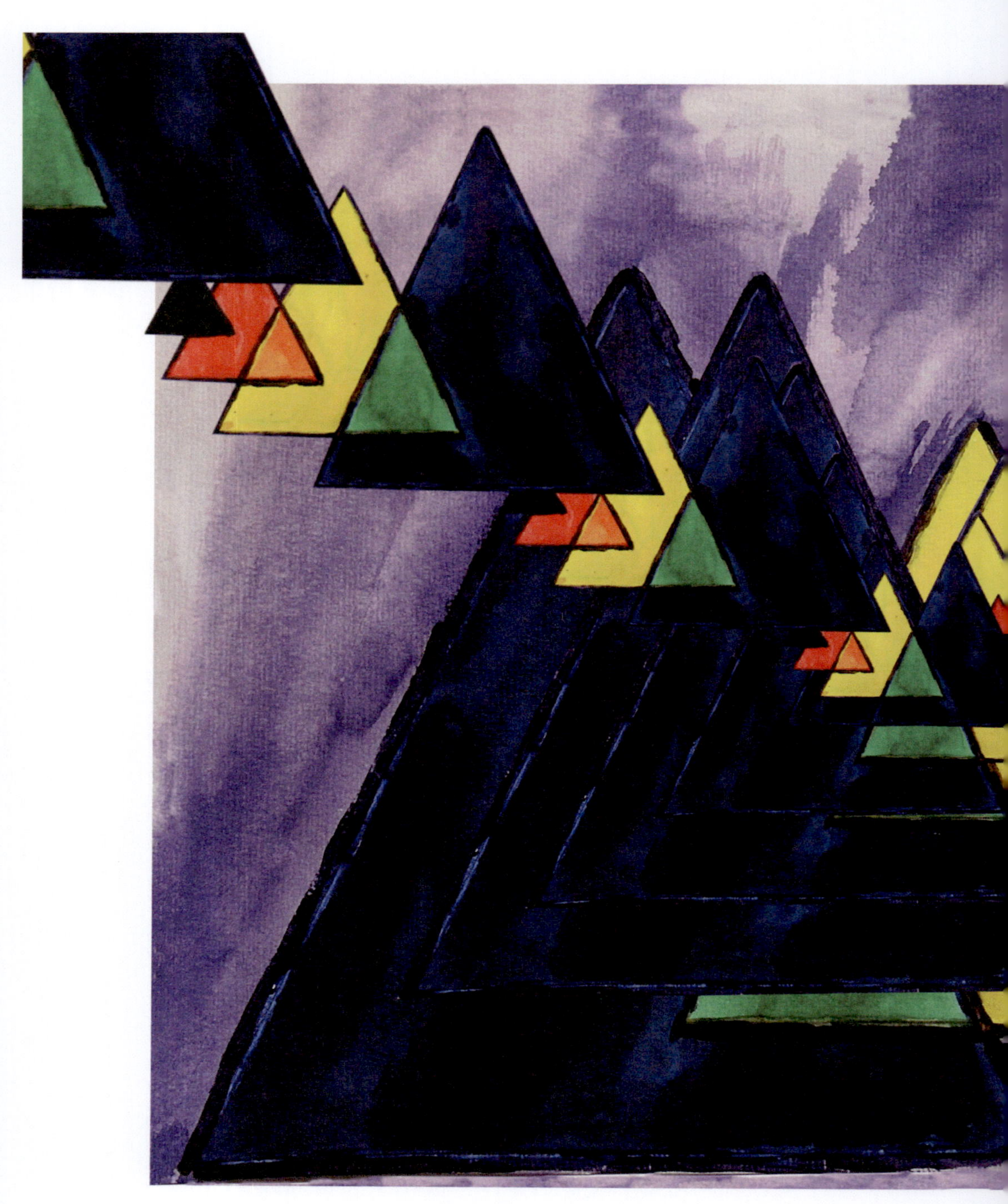

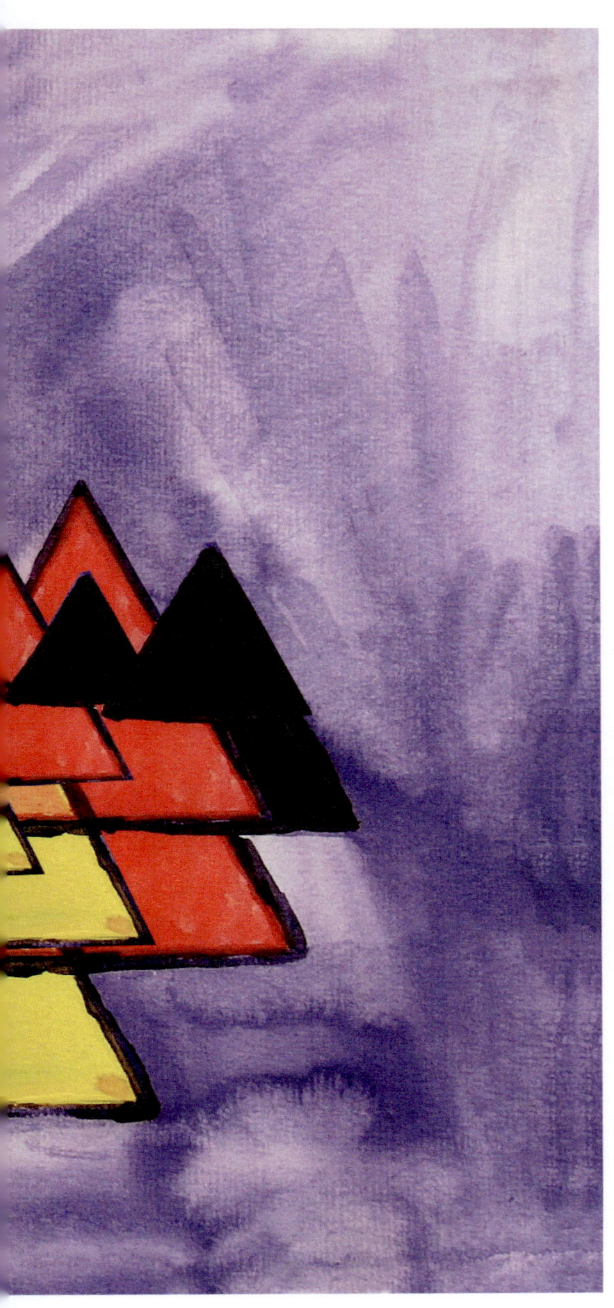

Planen

Wir planen
und planen und planen ...
unser ganzes Leben lang.
Wann und wie etwas zu sein hat, ...
Einkäufe, Wochenende, Urlaube,
Geburtstage, Hochzeiten ...
Doch sind wir
durch unser Planen
nicht völlig verplant?
Planen wir vielleicht
an unserem Leben …
an dem Schönsten vorbei?
Nehmen wir den Augenblick,
den Moment „Jetzt“
nicht mehr wahr?
Was nützten das Planen …
die Gedanken um das Morgen,
wenn wir doch das Leben
im „Jetzt“ genießen könnten?!

Außen - Innen

Suche nicht im Außen,
was Du nur
in Deinem Inneren finden kannst!

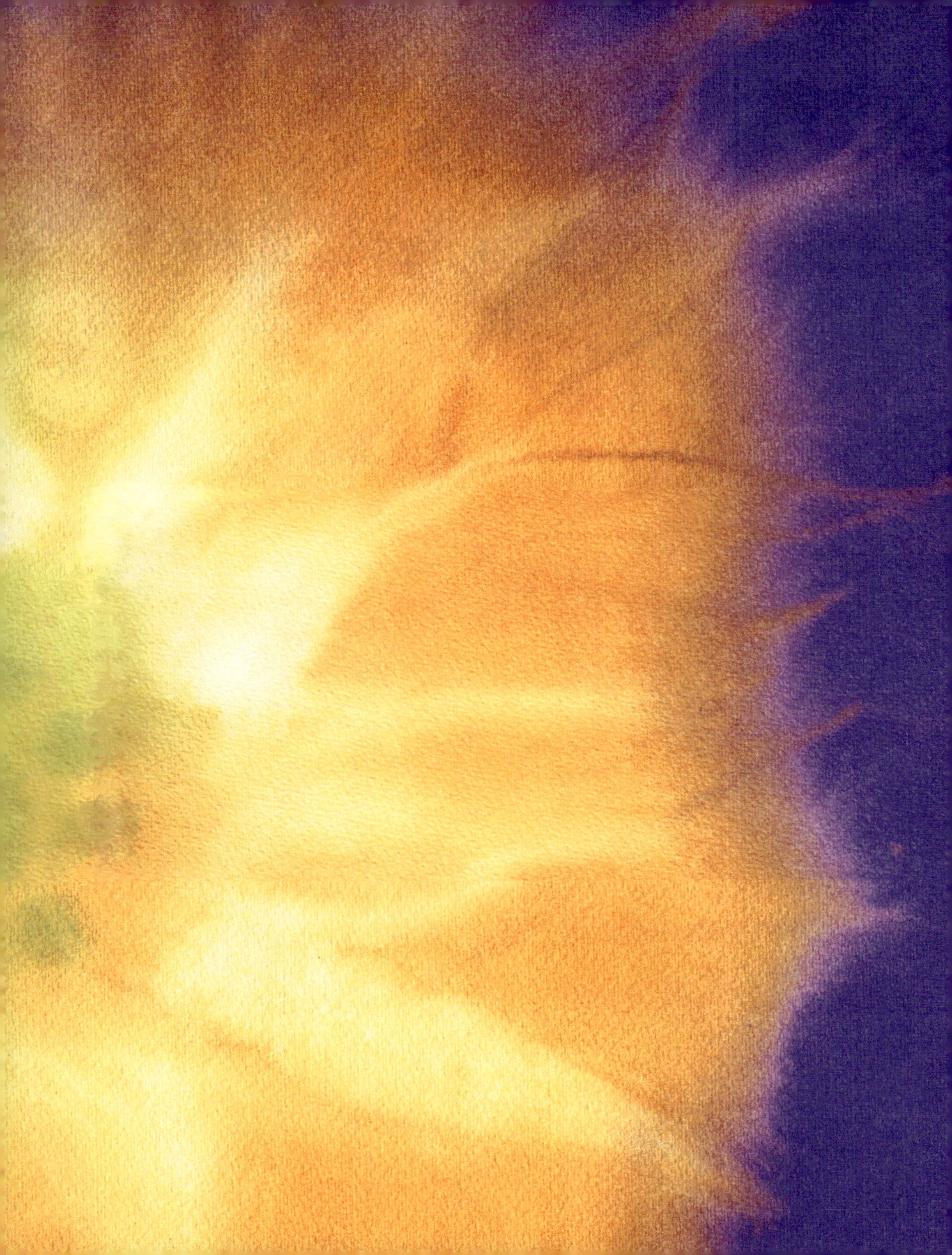

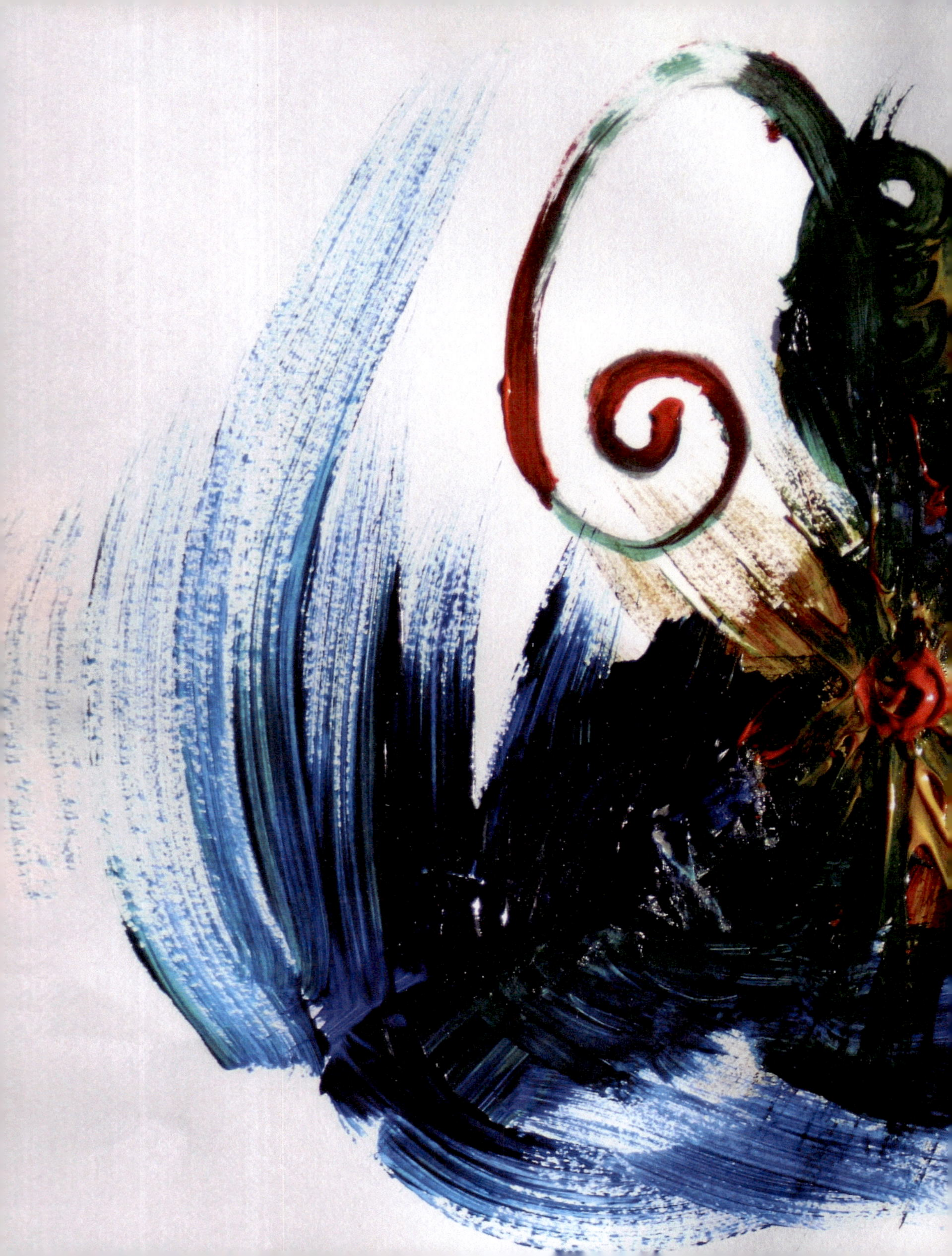

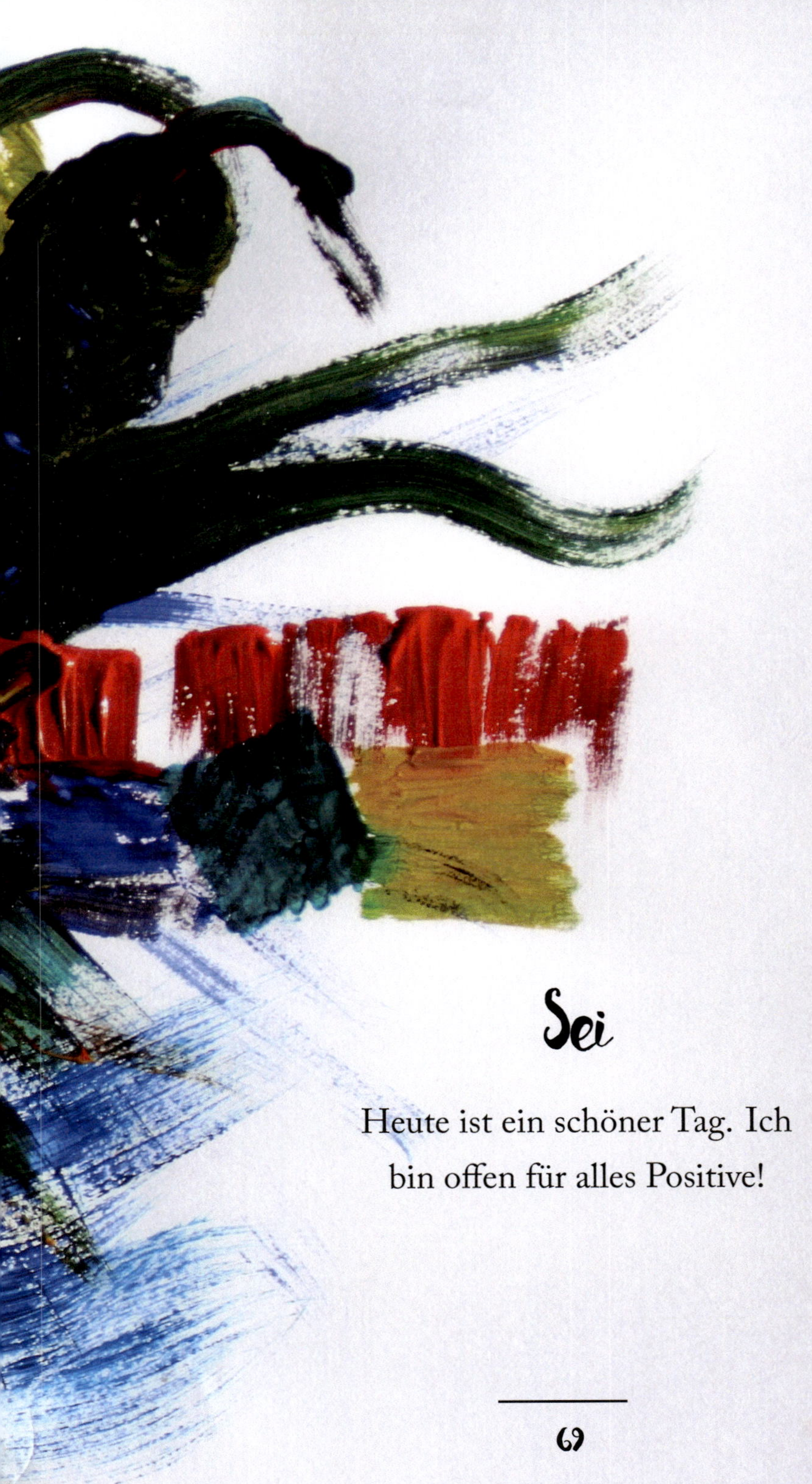

Sei

Heute ist ein schöner Tag. Ich bin offen für alles Positive!

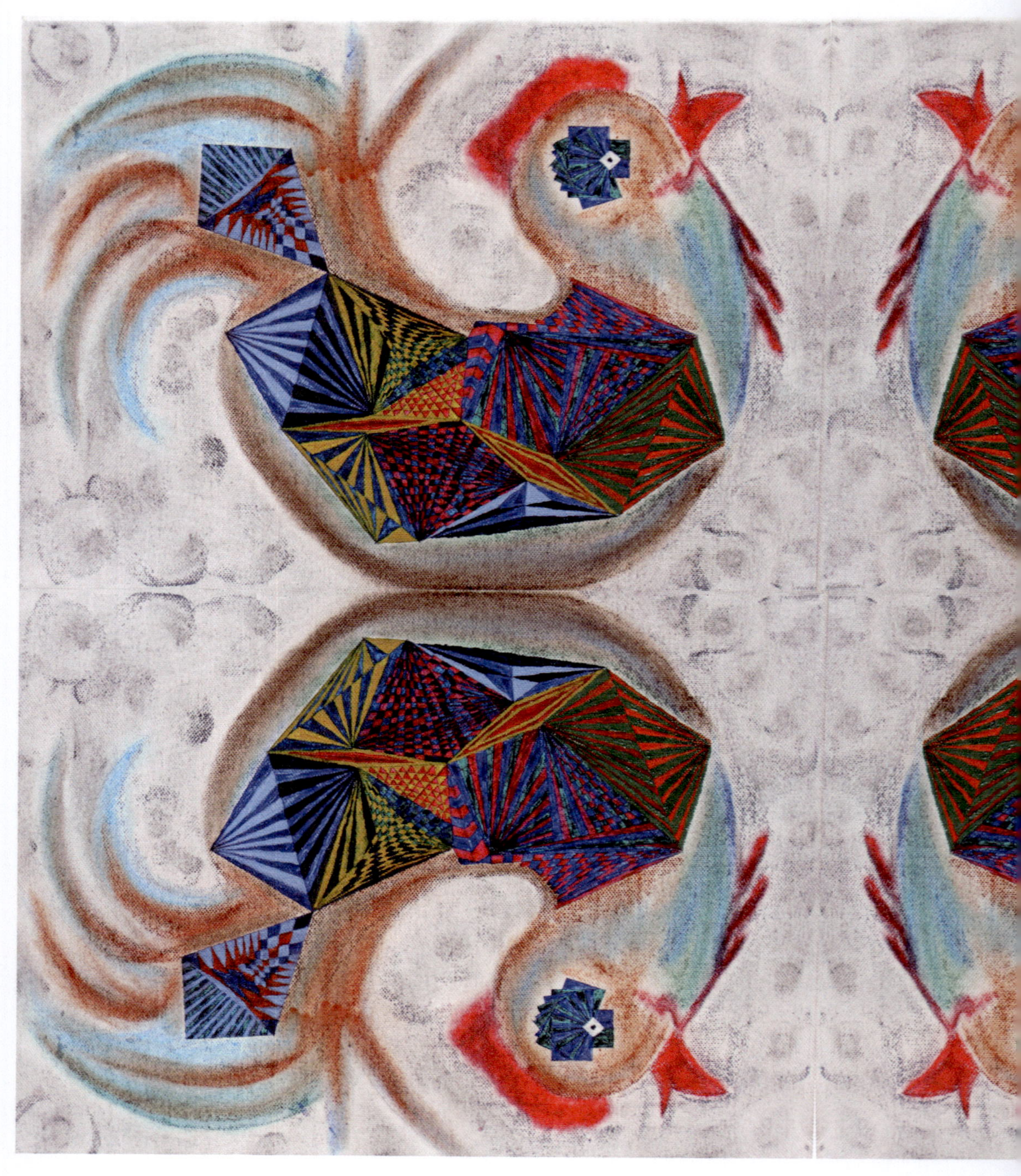

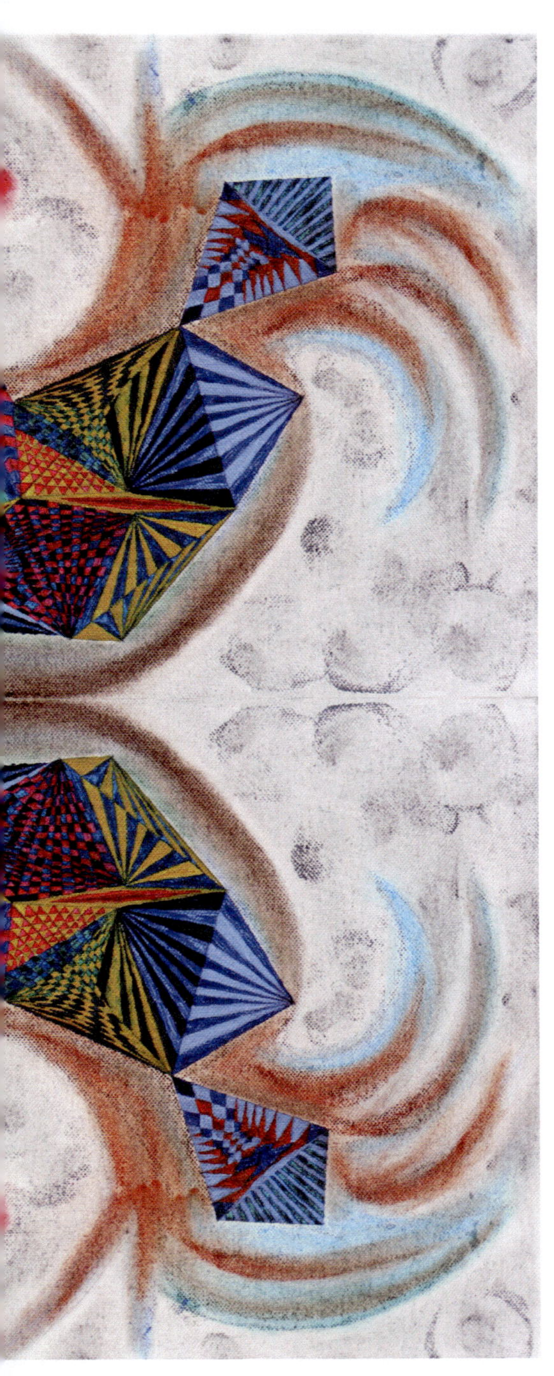

Was sagst Du mir?

„Worte“ –
Sie werden von uns
gesprochen und gehört,
was sagen sie uns?

„Blicke“ -
Wir „werfen“ sie
oder werden selbst beäugt.
Was sagen sie uns?

„Gerüche“ -
Wir verströmen sie,
wir nehmen sie wahr.
Was sagen sie uns?

„Geräusche“ -
Wir machen sie,
wir hören sie.
Was sagen sie uns?

Mensch – ich … Du
… was „sagst“ Du?

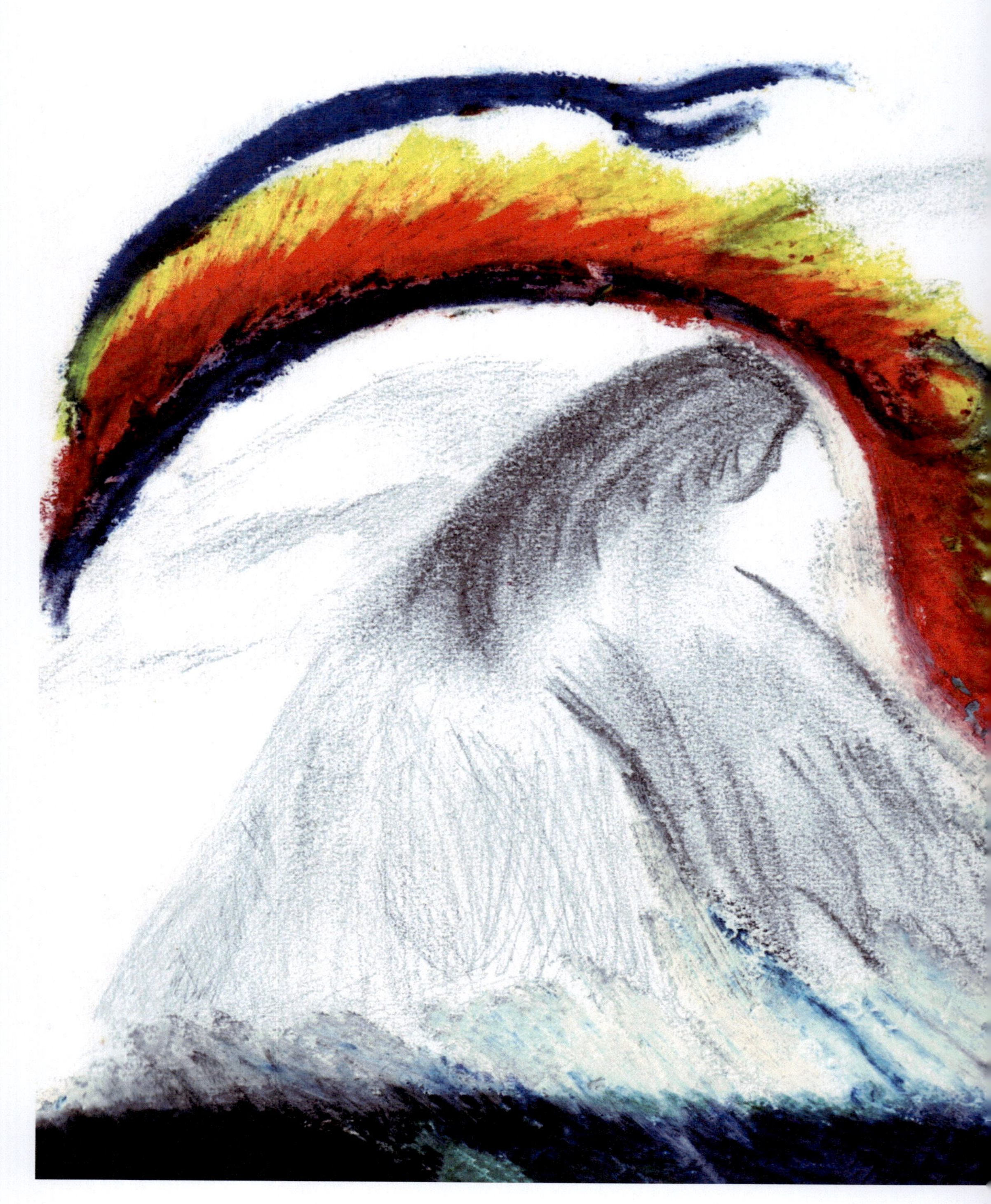

Die Liebe

Die Liebe ist genauso vielfältig,
wie der Hass und das Ego.
Nur bedenke, dass die Liebe,
die Stärkere und Lichtvollere
unter ihnen ist. Sie
ist kraftvoll
und milde zugleich,
Sie zeigt Dir den Weg
und lässt Dich,
den Deinigen gehen.
Sie lässt Dich lachen
und weinen.
Die Liebe ist die Liebe
um ihrer selbst willen.
Sie verlangt nichts von Dir
und gibt Dir doch alles.

Spiegel

Spieglein, Spieglein
an der Wand –
wer ist noch so wie ich
in diesem Land?!

Personen,
an denen ich anecke,
an denen ich etwas
als störend empfinde,
über die ich mich aufrege …

Denken wir darüber nach,
ob sie uns,
ein Spiegel sind!

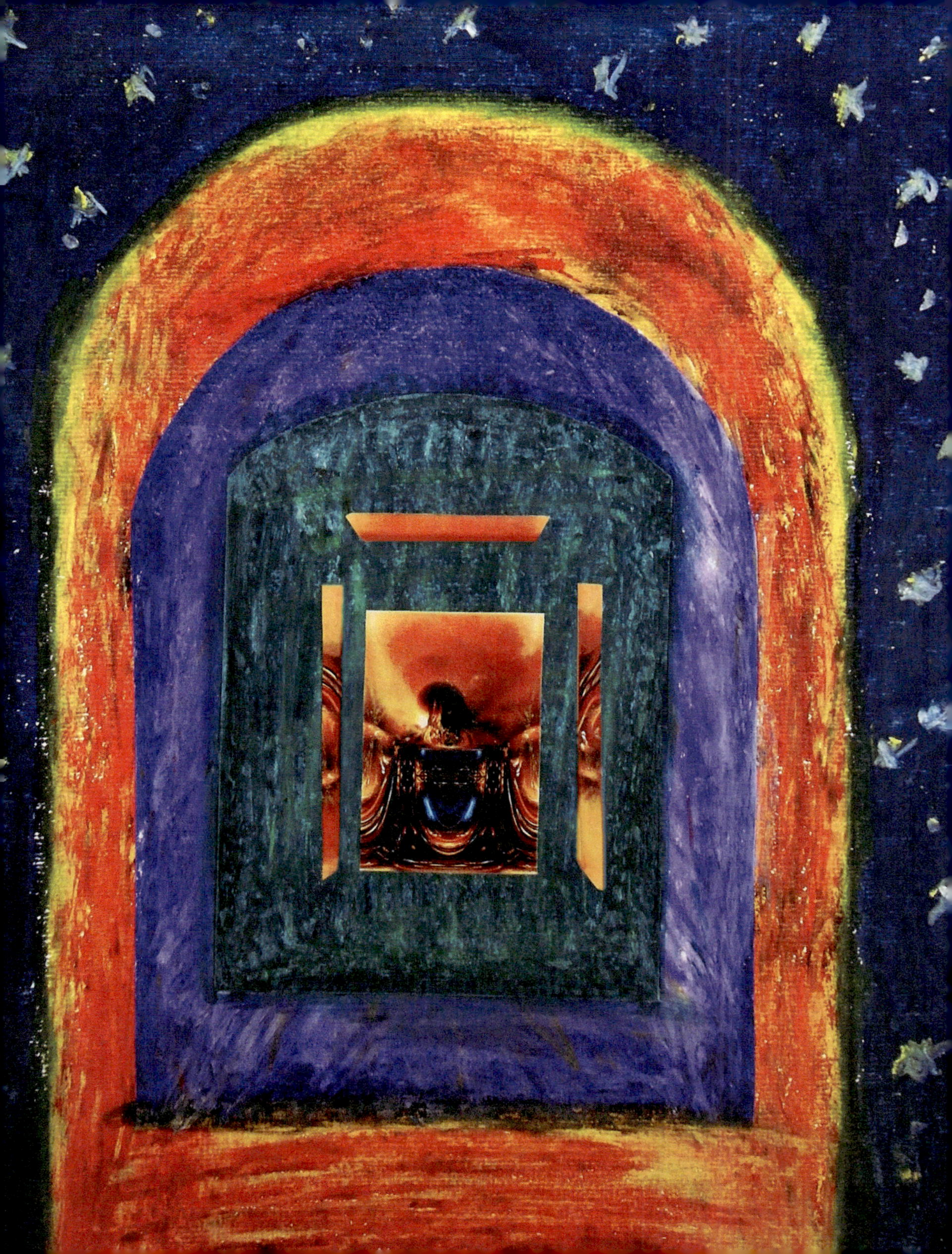

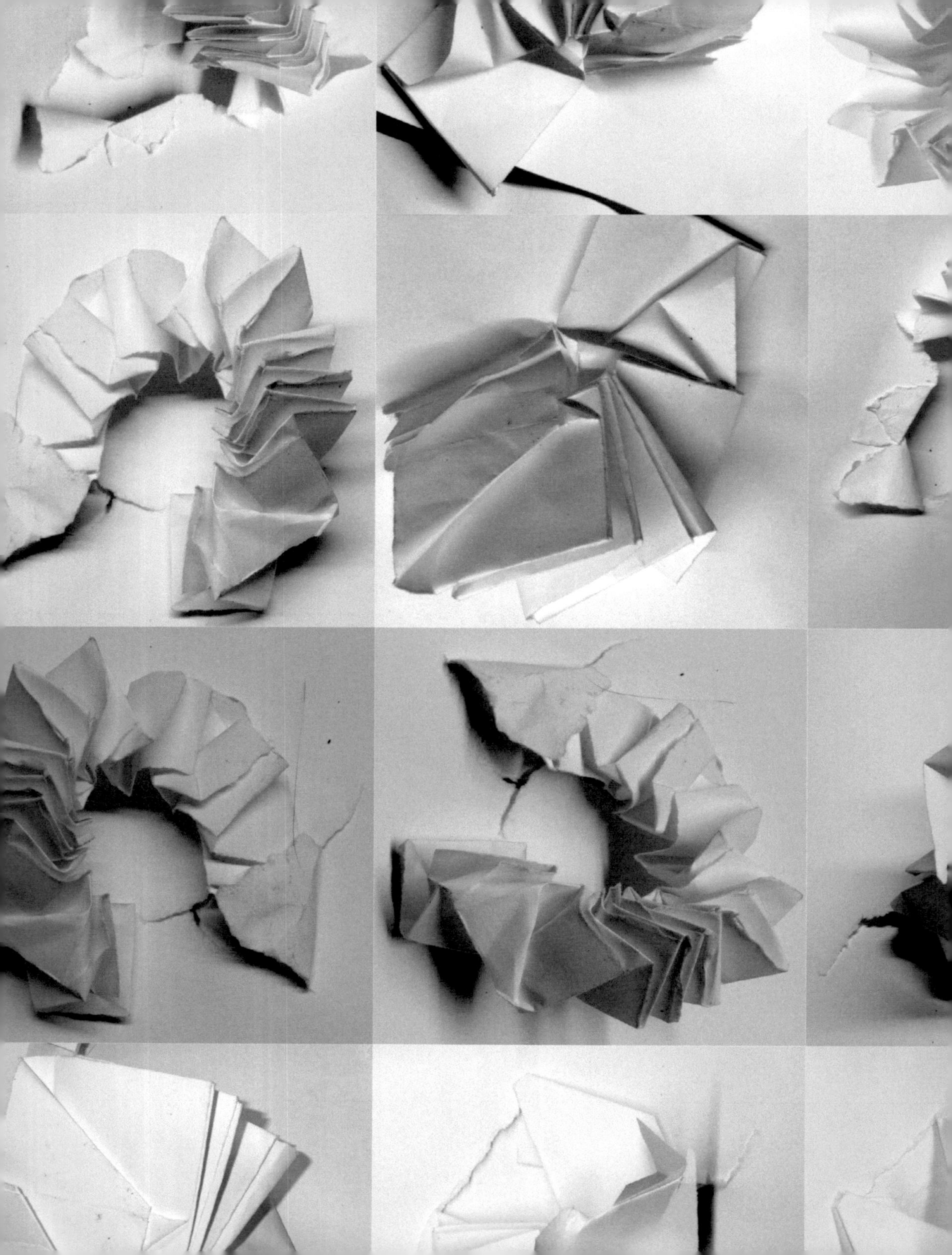

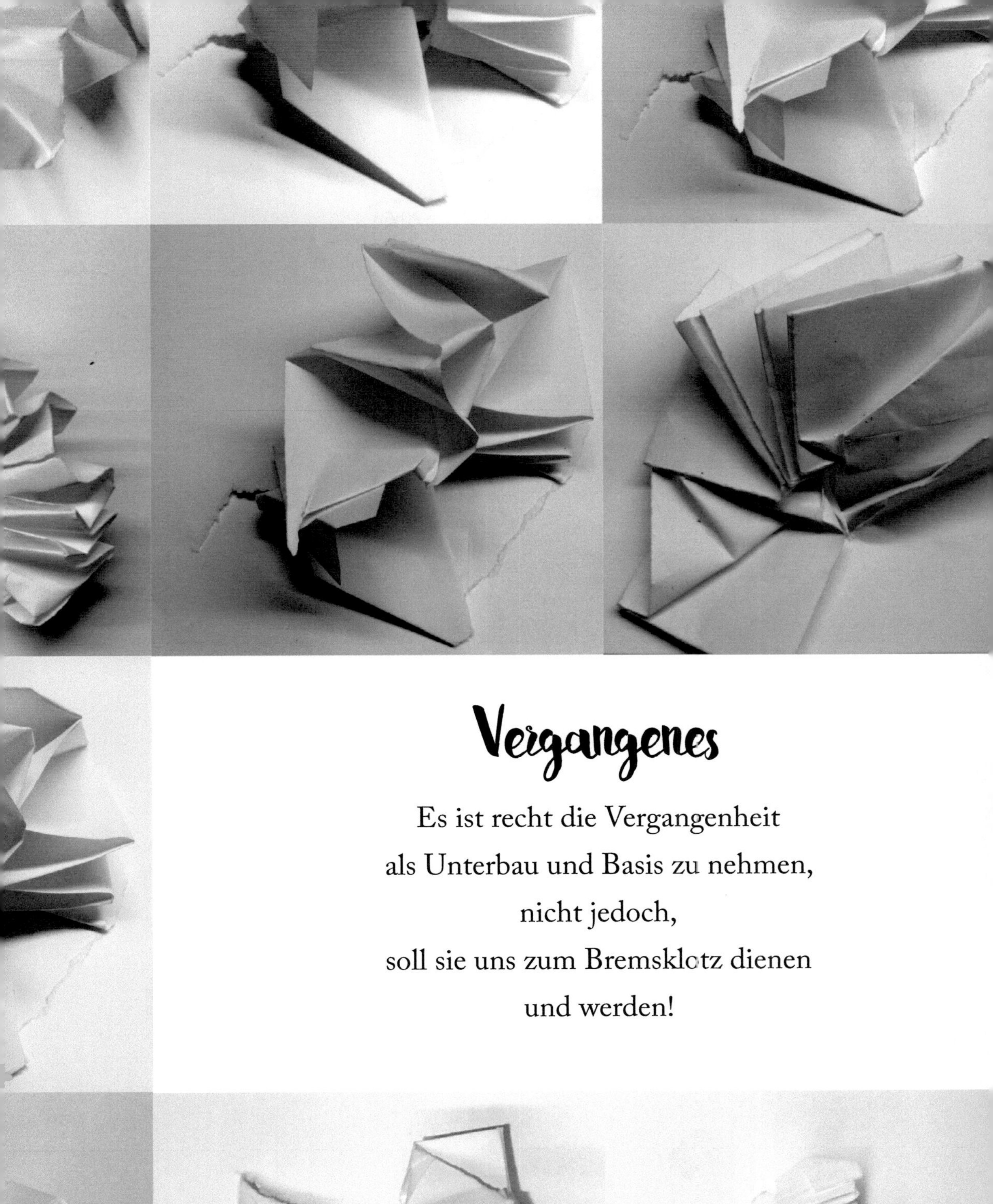

Vergangenes

Es ist recht die Vergangenheit
als Unterbau und Basis zu nehmen,
nicht jedoch,
soll sie uns zum Bremsklotz dienen
und werden!

Glücksgefühle

Glücksgefühle,
ein See voller
wunderschöner Gefühle
... Emotionen,
schau
in die Augen eines Kindes,
sieh
die Farben einer Blume,
erlebe
den Flug eines Vogels
tauche tief, tief ein.

Und - fühlst Du es?
Es ist so wunderbar!

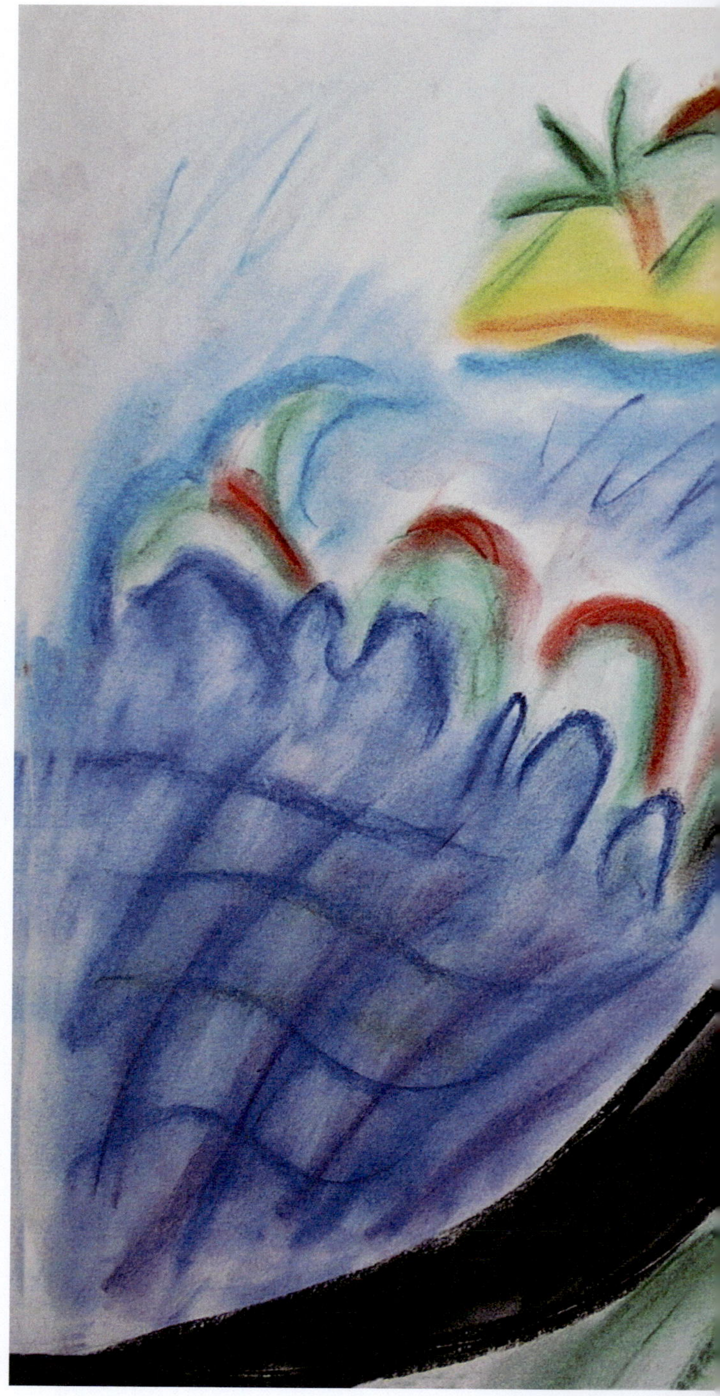

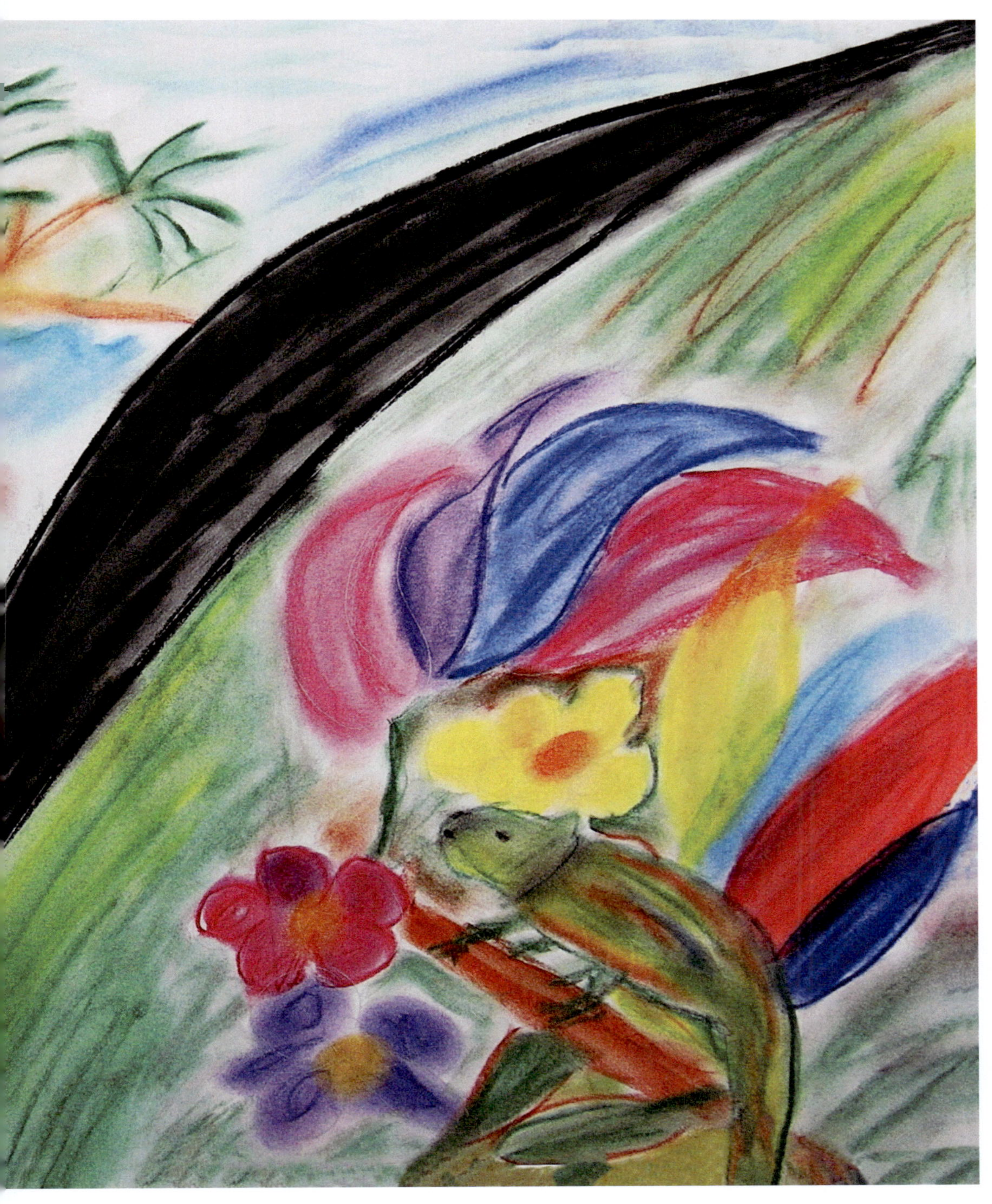

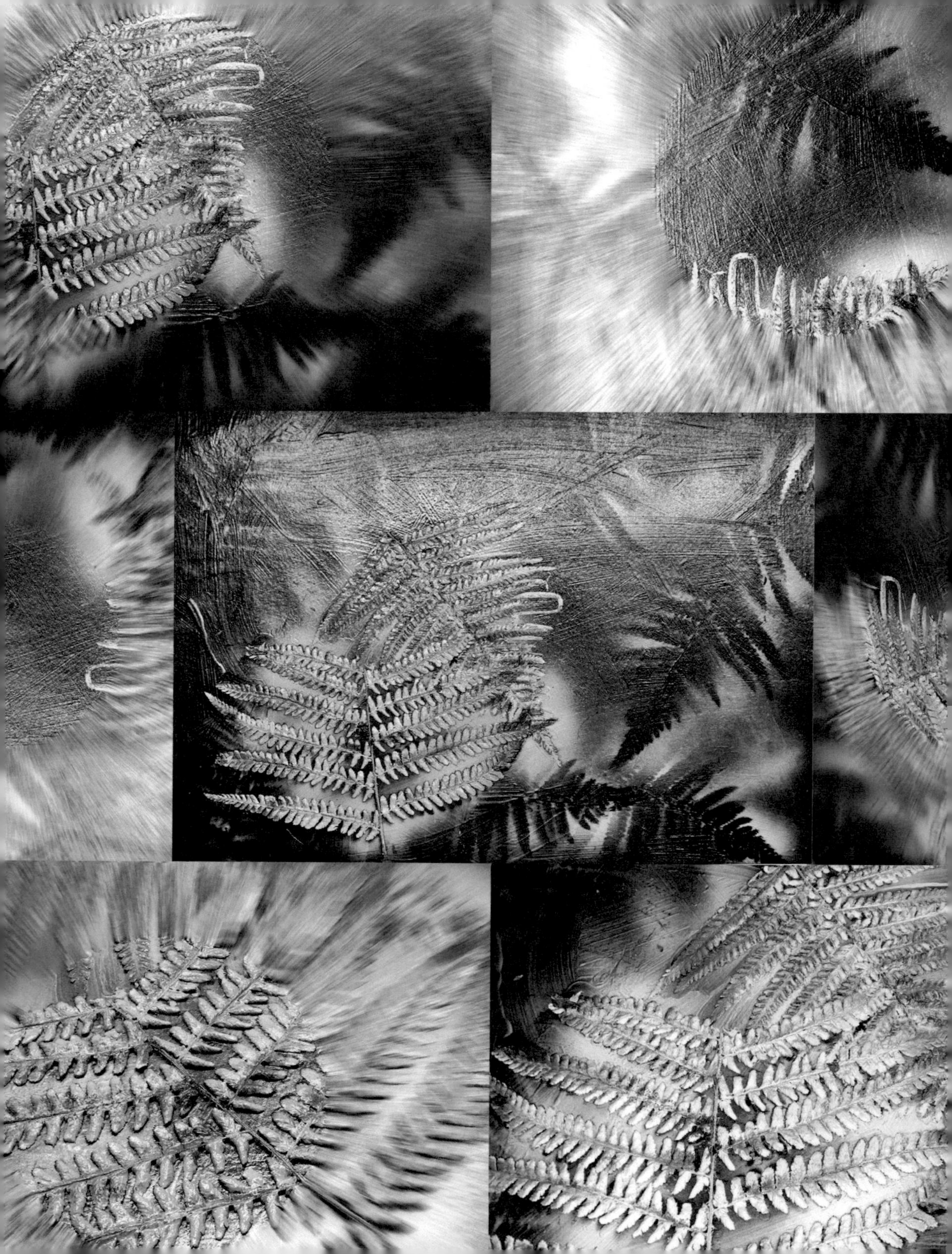

Licht und Schatten

Wo Licht ist,
ist auch Schatten.

Ohne die Dunkelheit,
strahlt das Licht auch nicht.

Es muss immer zwei Seiten geben...
zwei Gegensätze
... wie unterschiedlich sie auch sein mögen
... sie sollten sich ergänzen.

Verstand

Schalte
Deinen Verstand
aus,
... dann wird alles
gut!

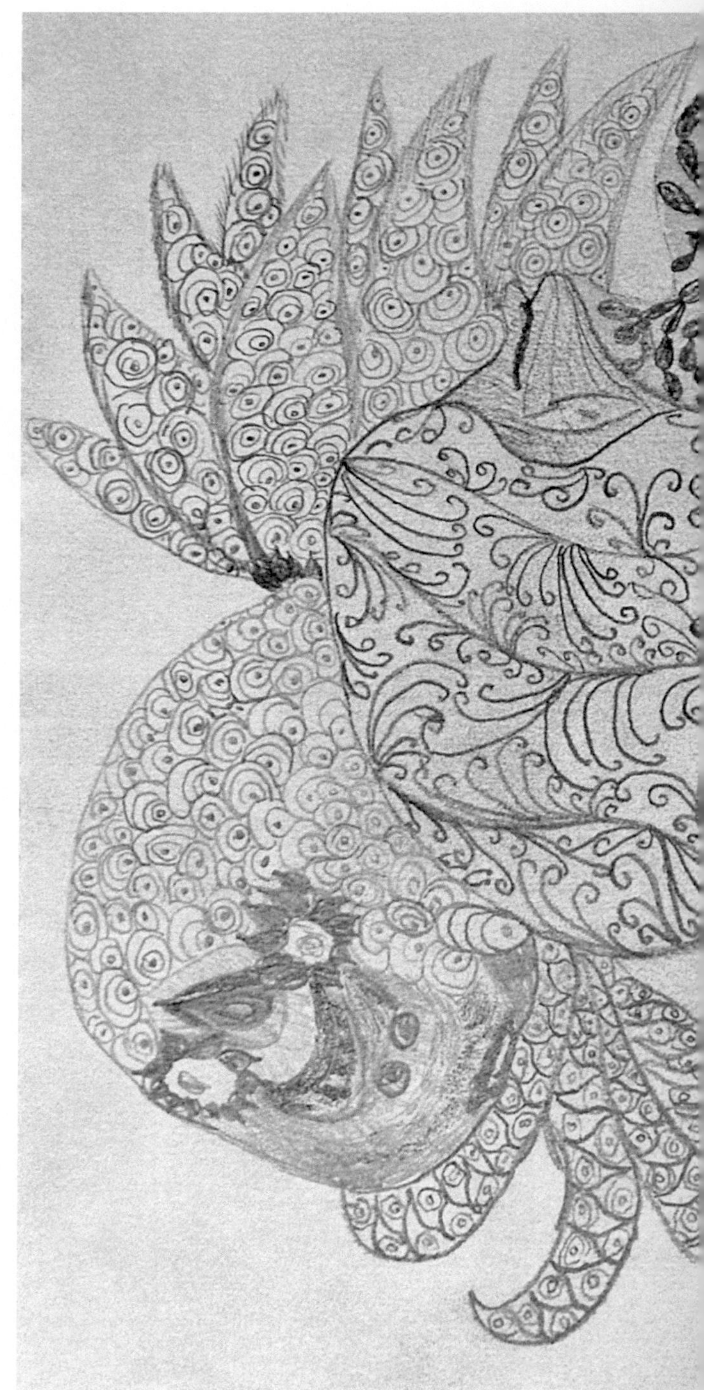

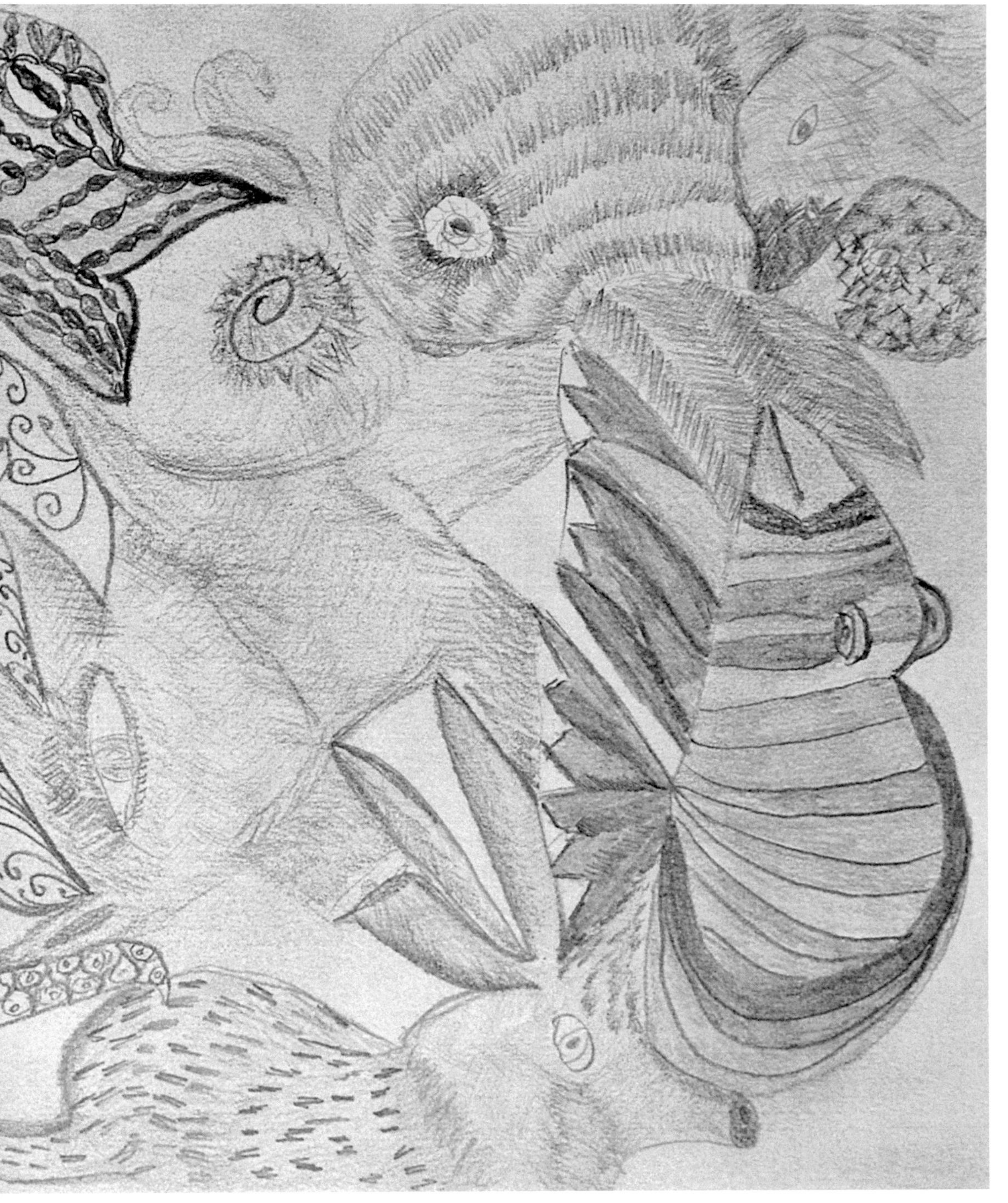

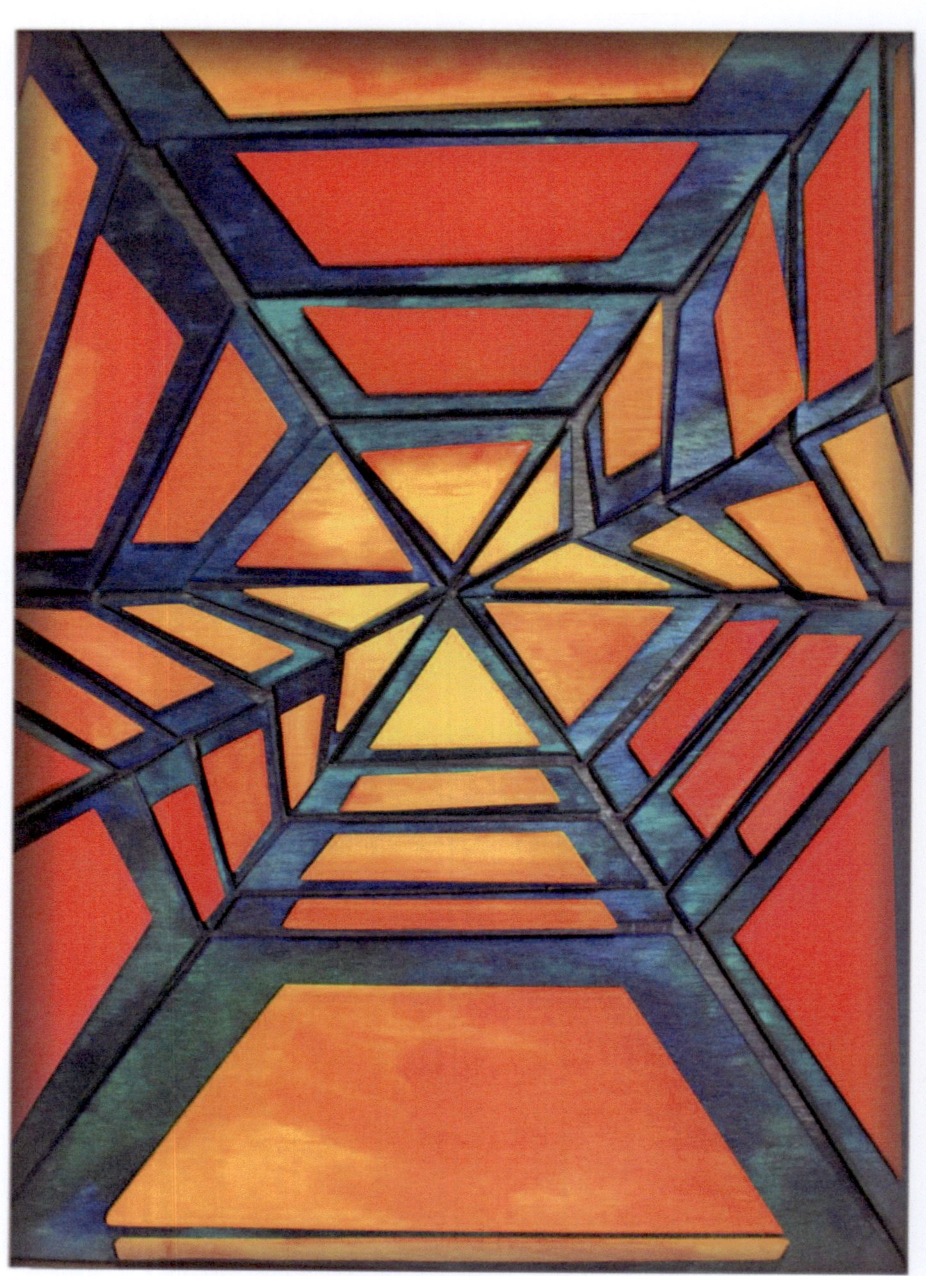

Anziehung

Ich ziehe das an,
was ich aussende!

Ich bin das,
was ich denke!

Tun

Erst wenn Du das tust, was Du liebst,
wirst Du Deinem Alltag mit tiefer Freude begegnen,
wirst Du Deine Arbeit mit einem Lachen tun
und sie als solche nicht mehr empfinden.

Erst wenn Du liebst was Du tust,
wirst Du mit Leichtigkeit durch Dein Leben gehen.

Wird Deine Schwere, die bisher auf Deinen Schultern gelegen hat,
nun von den Flügeln der Freude davongetragen.

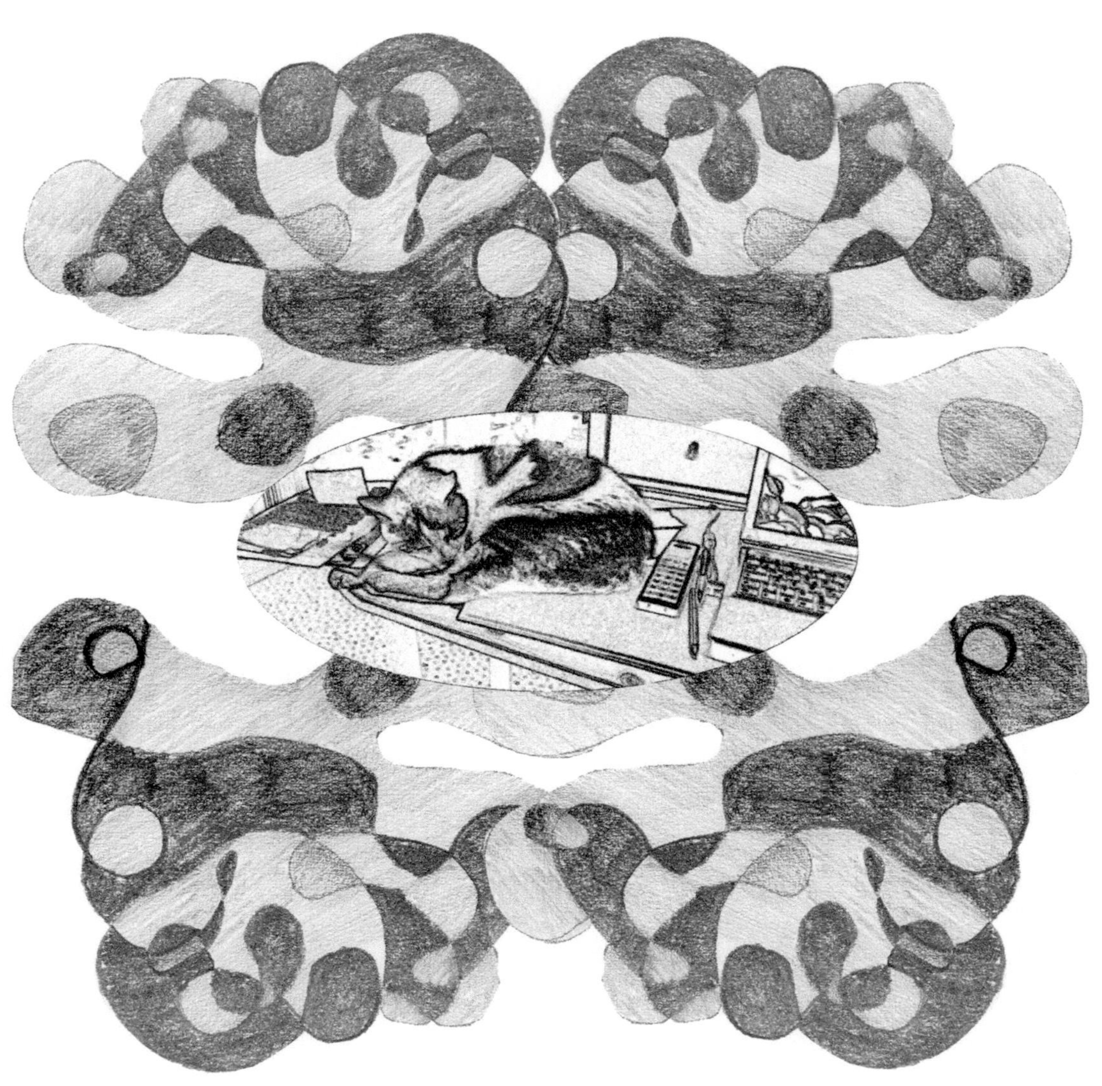

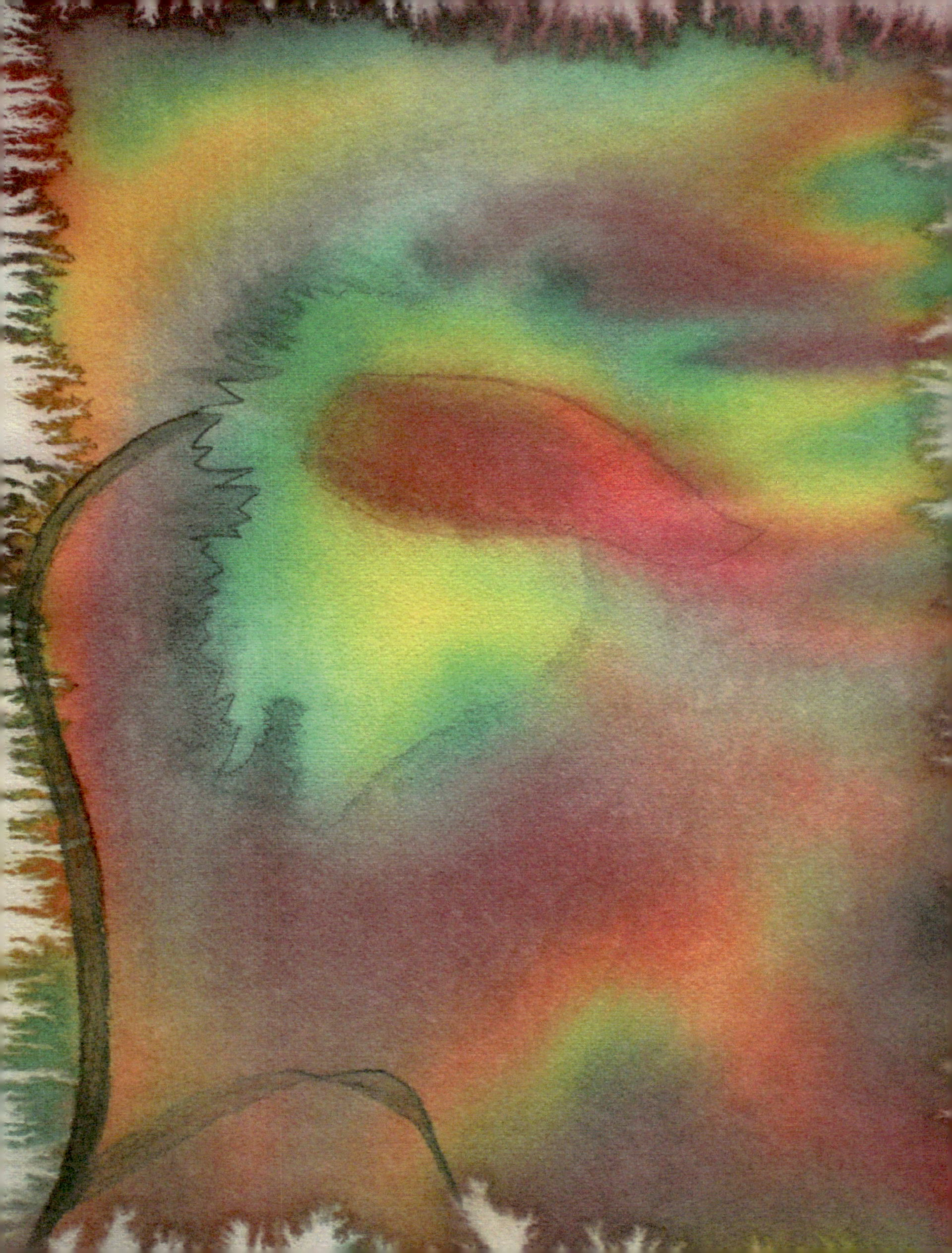

Segensreich

Blicke Dich um
und erkenne die ganze Schönheit
und den Reichtum, der Dich umgibt.

Die wahre Schönheit und den wahren Reichtum.

Erkennst Du denn immer noch nicht,
wie schön und wie wirklich reich Du gesegnet bist?

Lernen

Jeder ist des Anderen Lehrer.

Wir sind ALLE
einander dem andern
Lernender und Lehrender,
Empfangen und Geben
im Gleichklang
Yin & Yang

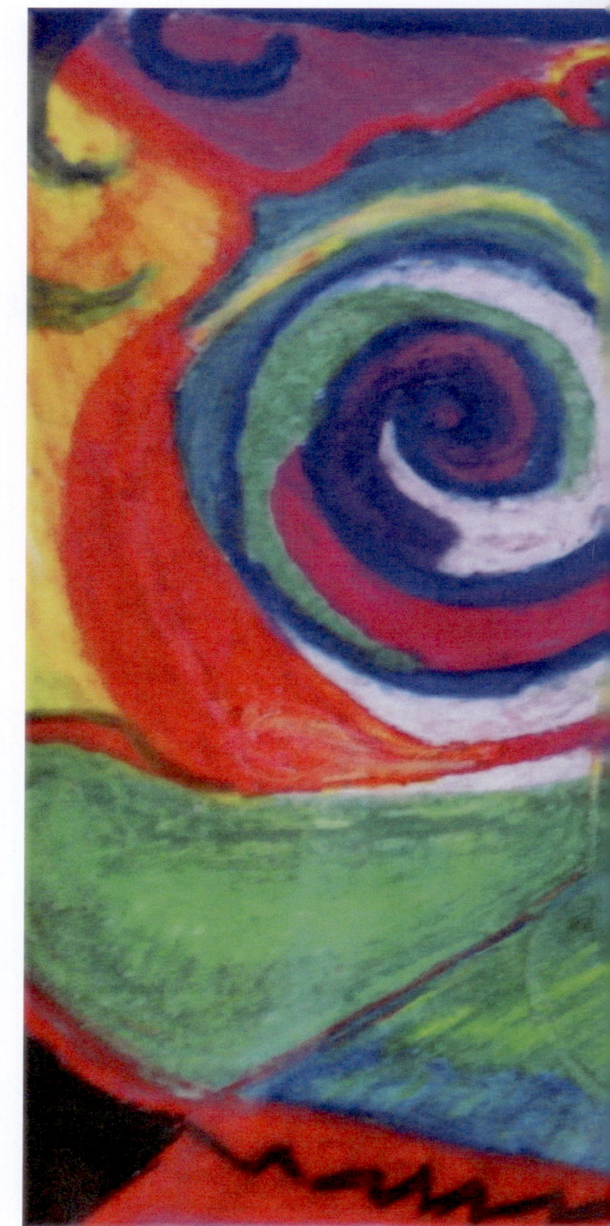

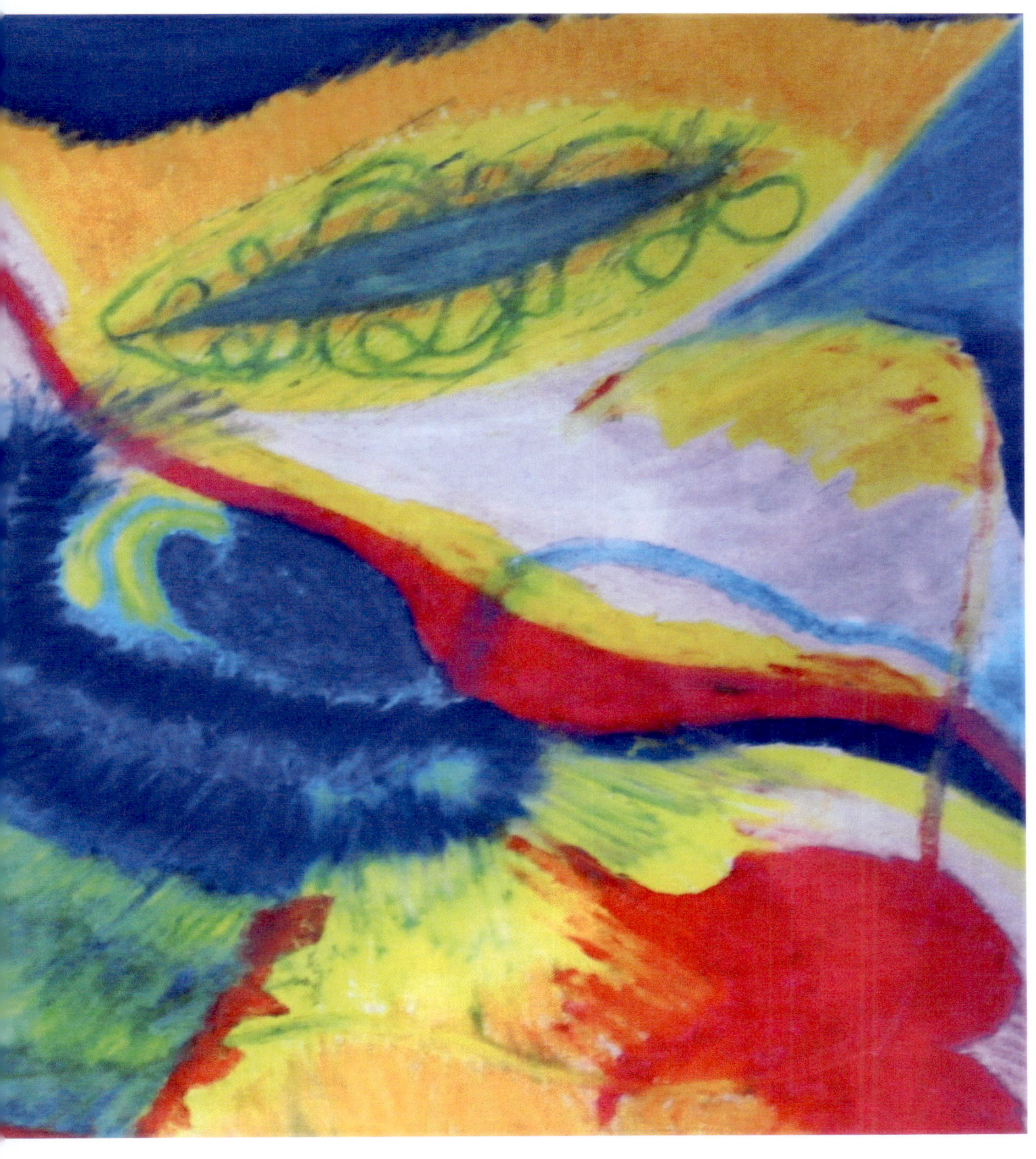

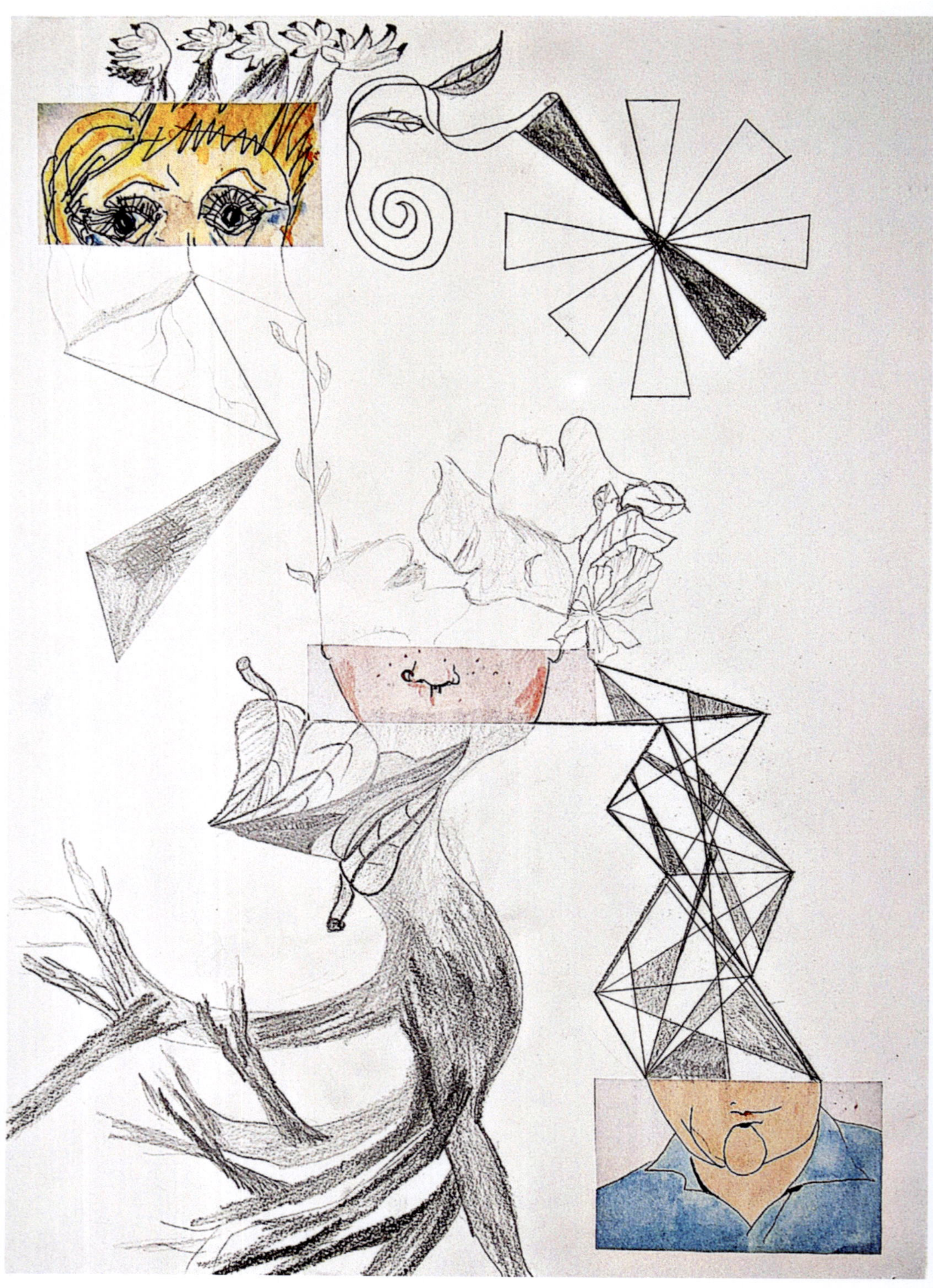

Selbstliebe

Suche die Liebe nicht an der Oberfläche -
suche sie in Dir.

Denn so wie Du Dich selber liebst,
kannst Du nur von dem was Dich umgibt,
geliebt werden.

Dein Weg

Träume
sind Wegweiser.

Sie weisen
Dir mögliche Perspektiven auf.

Doch für den Weg
musst „Du“
Dich entscheiden
und „Du“
musst bereit sein,
diesen Pfad dann
zu gehen!

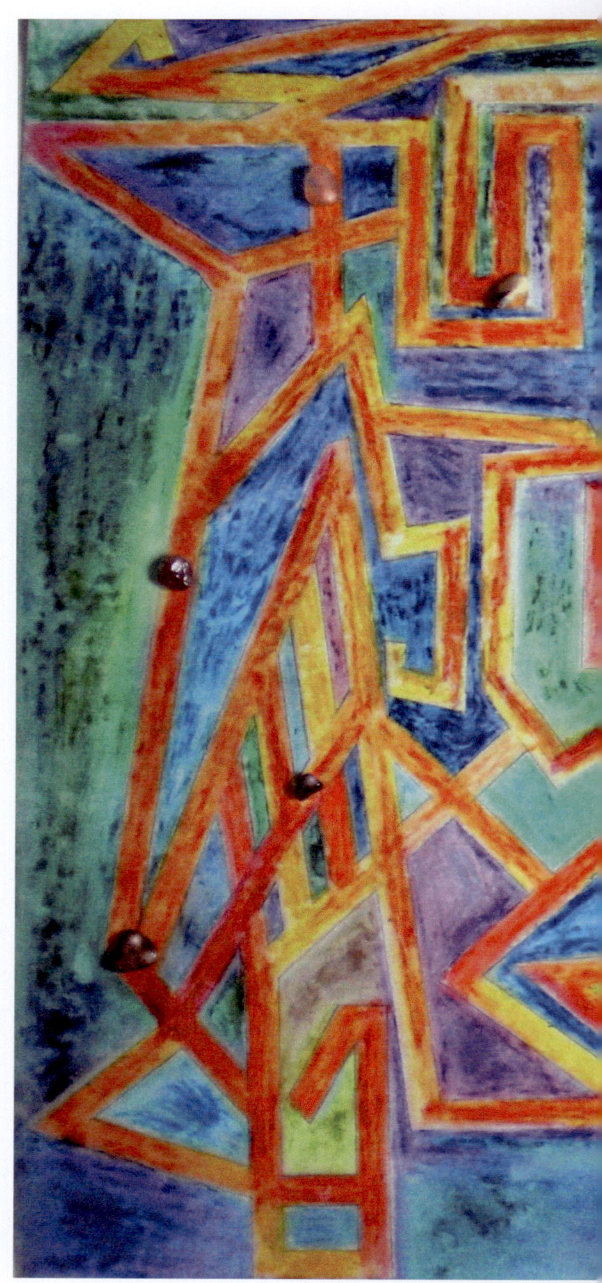

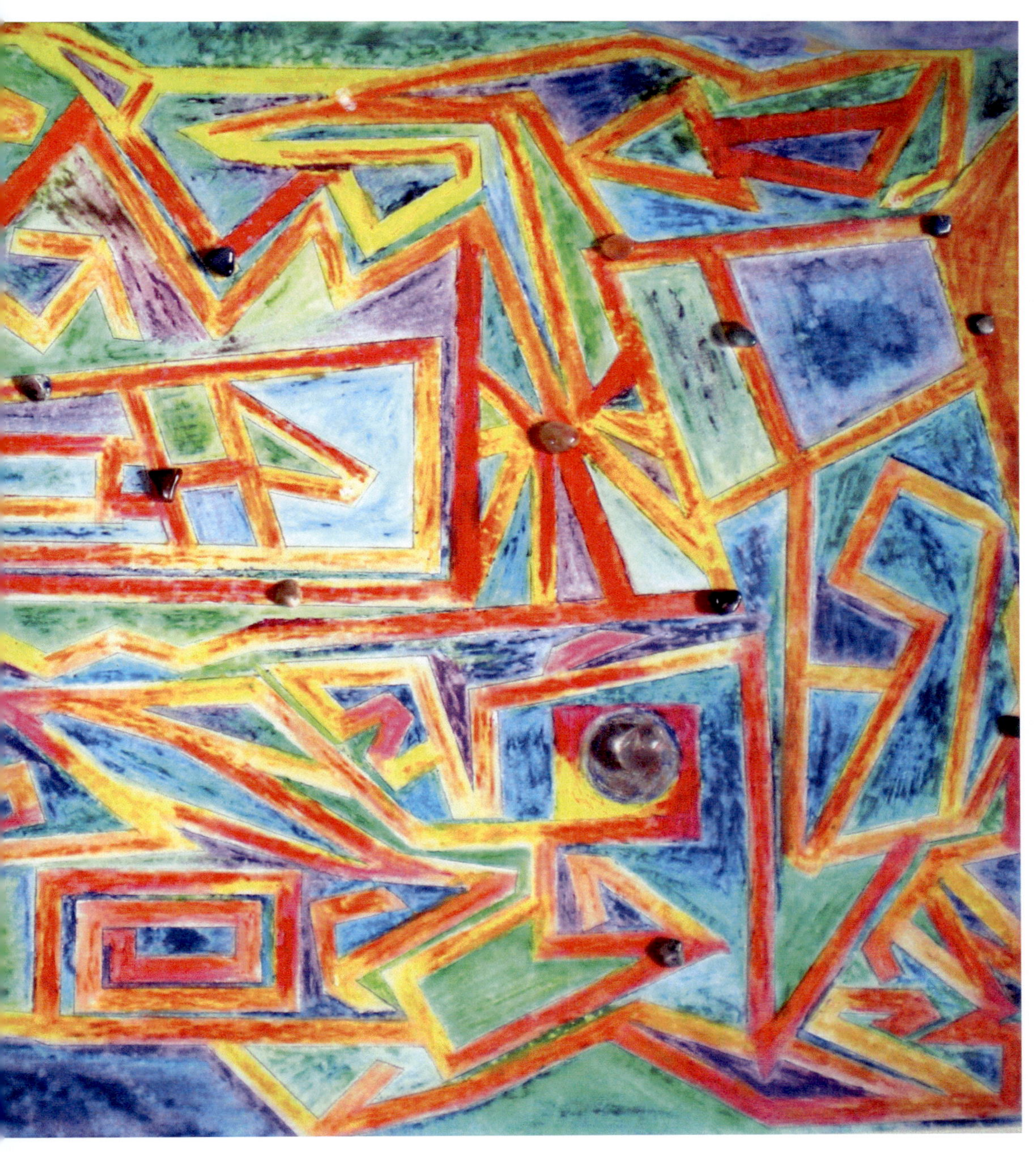

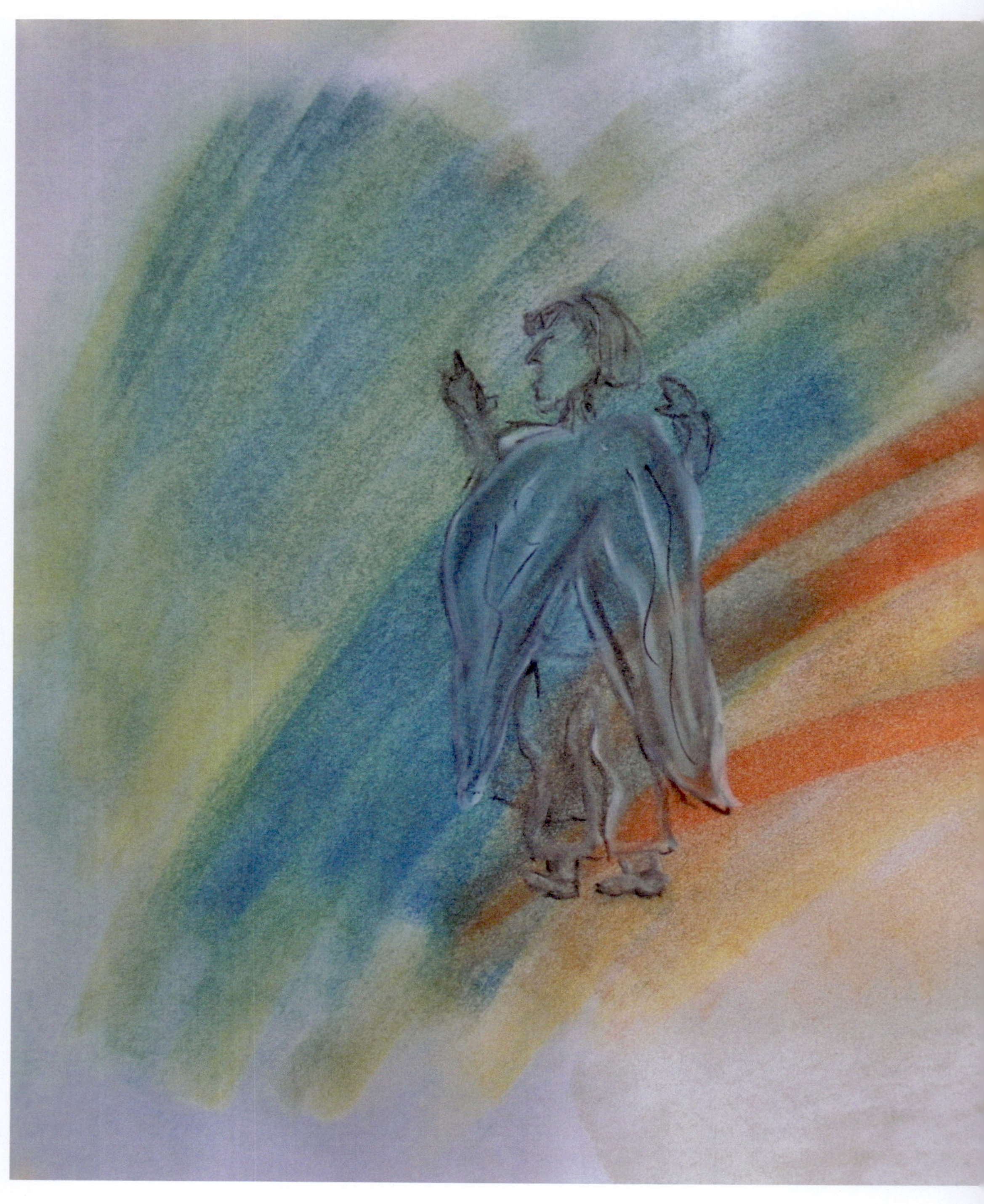

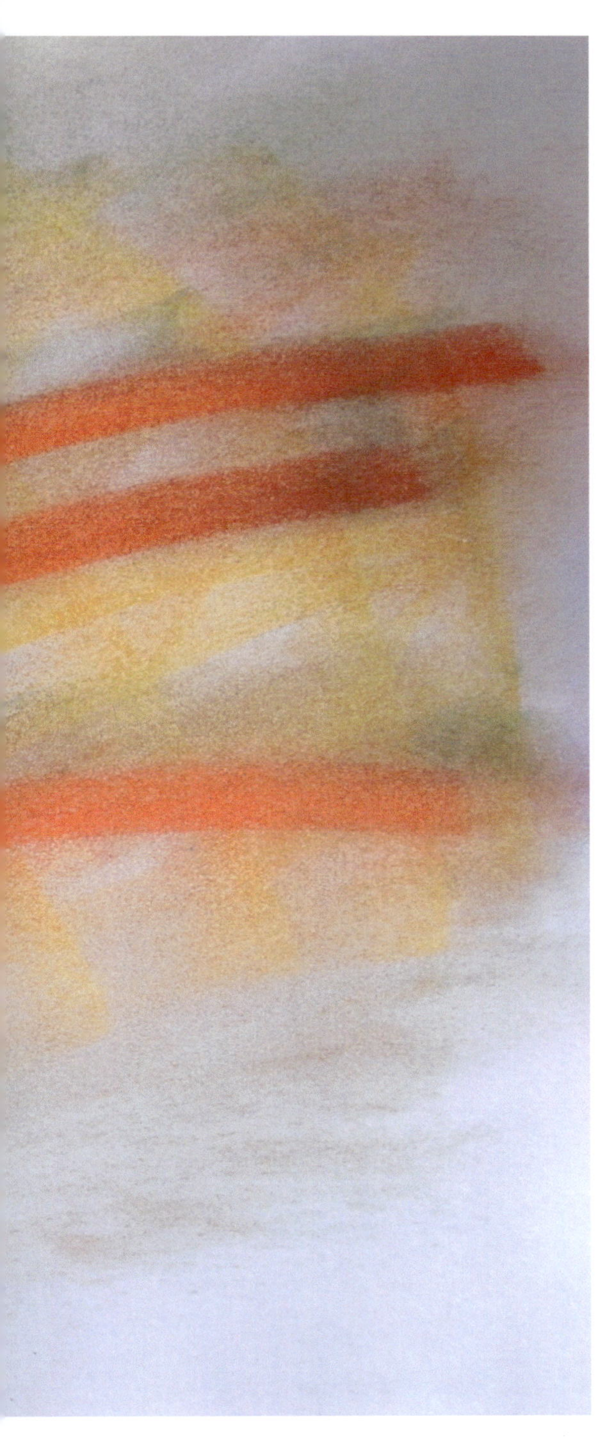

Ich bin ich

Ich bin ein Teil aus Gott
Gott ist Freude und Liebe
Bin ich Freude und Liebe?
Warum versage ich es mir dann?

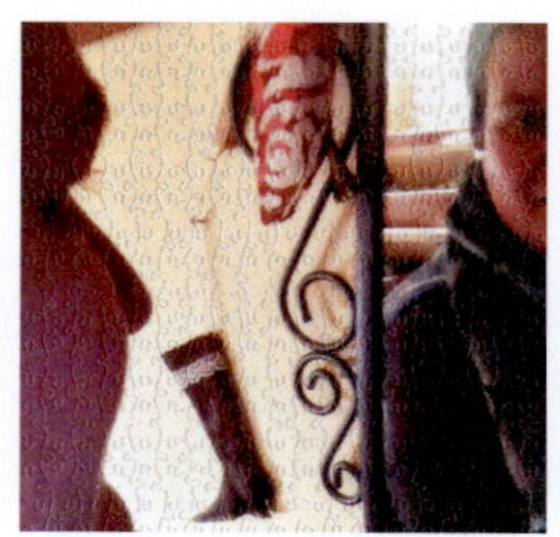

Die Autorin über sich selbst

Ich bin im Norden geboren. Wie fest ich mit meiner Heimat verwurzelt bin, habe ich in den zehn Jahren, in denen ich in Bayern im Rosenheimer Land lebte, erst gemerkt und bin wieder heimgekehrt. Man mag es nicht glauben, am meisten fehlte mir der nordische Wind!

Irgendwie etwas niedergeschrieben habe ich schon immer. In der Grundschule fing es an mit Geschichten über Tiere. In der weiterführenden Schule haben mir Referate sehr viel Spaß gemacht. Besonders aber habe ich Erörterungen von Erzählungen geliebt (auch wenn die Zensuren eine andere Sprache sprachen!).

Nachdem wir von der Schule auf die Menschheit und auf das Leben losgelassen wurden, erlernte ich zwei ineinandergreifende Berufe und absolvierte eine Umschulung. Auch während dieser ganzen Zeit habe ich geschrieben. Kleinere Texte, um mit Lebenssituationen, neuen Abschnitten, Tiefschlägen umzugehen. Ich ließ sie dann feierlich in Rauch aufgehen, um wirklich alles hinter mir zu lassen. Texte für besondere Gelegenheiten nahmen zu und Bildbearbeitungen wurden von mal zu mal tiefergehend.

Nachdem sich mein Leben vor einigen Jahren schlagartig um 180 Grad drehte – durch eine Erkrankung - und ich, um mich in Behördensprache auszudrücken, „frühberentet“ wurde, hat sich mein Leben immer mehr in die Kreativität verlagert. Ich arbeite mit den verschiedensten Werkmaterialien, male und zeichne. Das Schreiben ist mir ein beständiger Begleiter geblieben.

Mir fliegen Gedanken, Worte und Sätze zu; sie sind wie Glühwürmchen, die an einem vorbeifliegen und man muss nur aufmerksam genug sein, um sie zu sehen ... So habe ich es mir angewöhnt immer und überall Zettel und Schreiber bei mir zu haben.

Ich genieße es in der Natur, in unserem Garten zu sein; und natürlich am Meer. Einfach draußen, wo möglichst keine oder zumindest wenig Menschen sind. Mein größtes Hobby ist unser „Kleintierzoo“ - unsere vier Katzen und drei Zwergwidderkaninchen; ich hoffe sehr, dass bald noch ein paar Laufenten folgen werden. Außerdem nicht zu vergessen: all die Tiere, die in unserem Garten zuhause sind – Vögel, Libellen, diverseste Insekten, Weinbergschnecken, Igel, Blindschleiche, Mäuse ... und Nachbars und Pastors Kater!

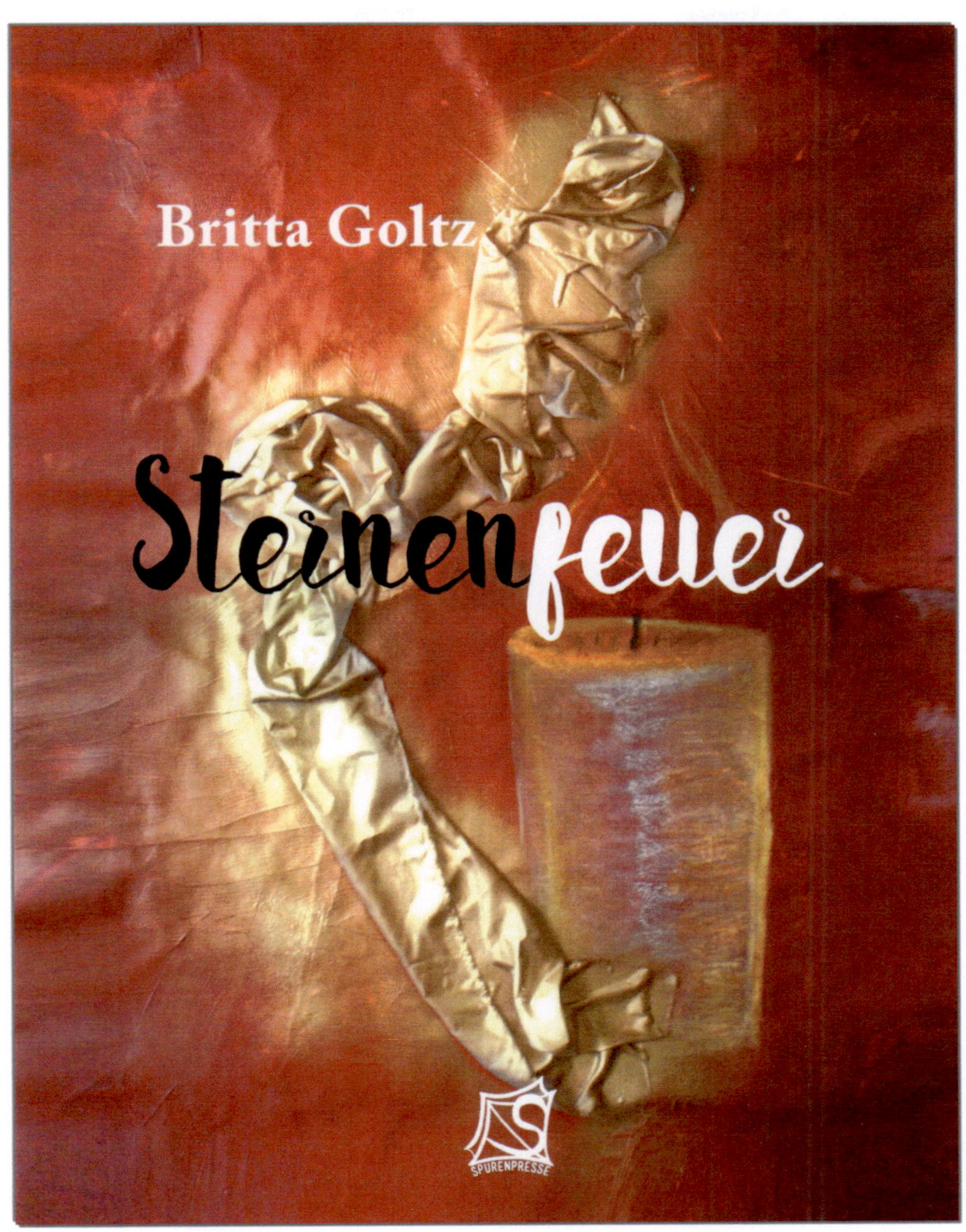

Das 2. Buch der Autorin Britta Goltz.

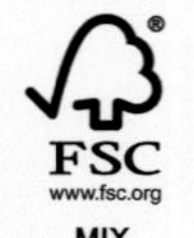
FSC
www.fsc.org
MIX
Papier aus verantwortungsvollen Quellen
Paper from responsible sources
FSC® C105338